W0363140

EL MUNDO SUBMARINO

EDICIONES RUEDA

EDICIONES RUEDA

Es una publicación del Editor:
© 2005 EDICIONES RUEDA, J.M. S.A.
Los Mesejo 11, 28007 Madrid.

Con la colaboración de: DIORKI, Servicios Integrales de Edición
(Proyecto, diseño y realización editorial)
Fotografías: VISUAL & WRITTEN – Archivo DIORKI
© 2005 EDICIONES RUEDA, J.M. S.A.

ISBN de la obra: 84-8447-324-4
ISBN del volumen II:84-8447-326-0
Depósito legal: B.28176-2005

Impresión y Encuadernación: CAYFOSA – QUEBECOR
Impreso en España / Printed in Spain

Reservados todos los derechos.
Está prohibida la reproducción total o parcial de esta publicación,
su tratamiento informático, transmisión, almacenamiento o registro
por cualquier sistema, en particular de recuperación de información,
en ninguna forma, ni por ningún medio, ya sea mecánico,
fotoquímico, electrónico, magnético, electro-óptico, por fotocopia
o cualquier otro, ni su préstamo, alquiler
o cualquier otra forma de cesión de uso del ejemplar,
sin previa autorización por escrito del editor, EDICIONES RUEDA, J.M. S.A.

Sección I

La frontera entre la tierra y el mar

Sección II

Flora y fauna en el litoral

Sección III

Biodiversidad y supervivencia en las áreas litorales

EL MUNDO SUBMARINO

VIDA MARINA: EN EL LITORAL

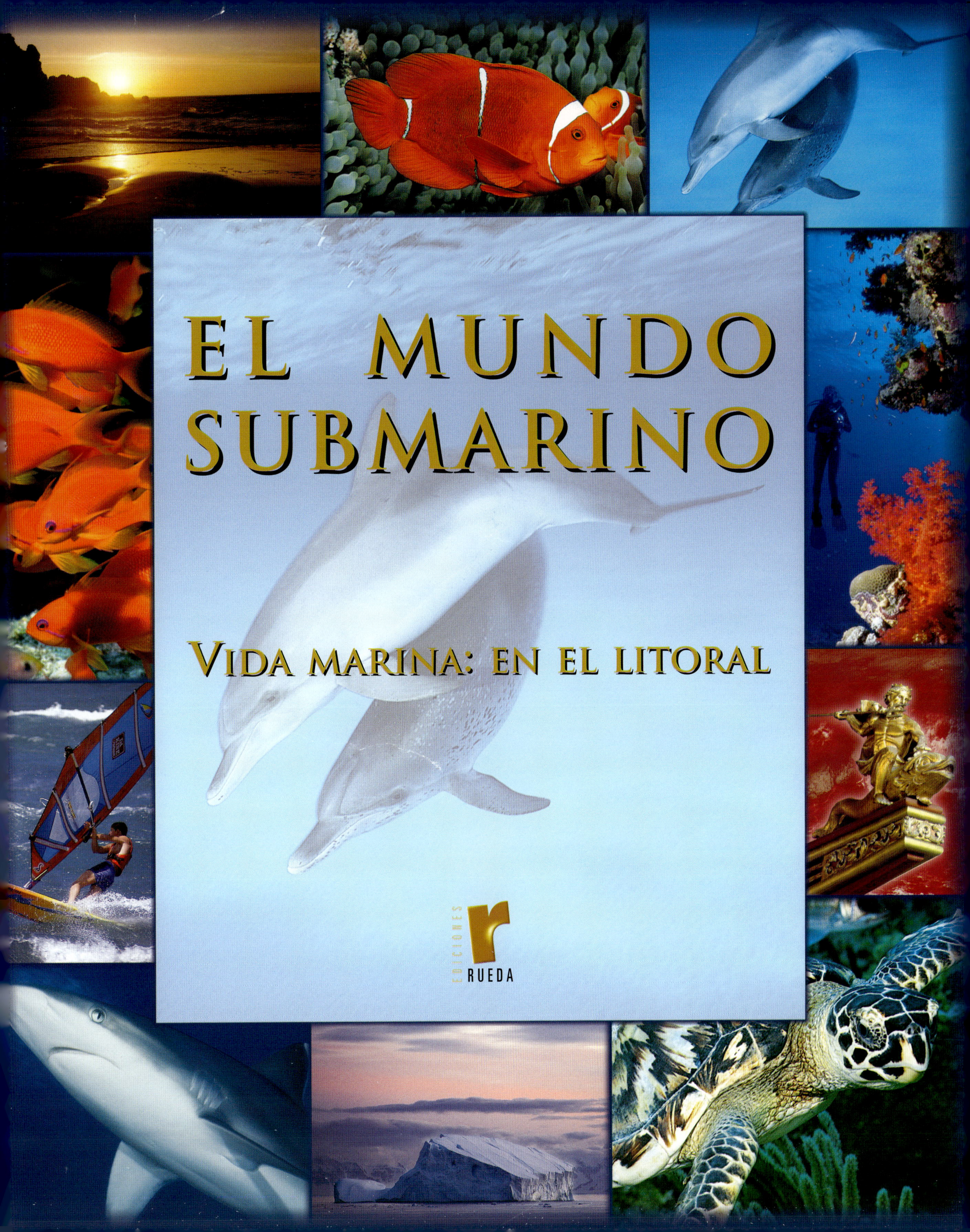

EDICIONES r RUEDA

SECCIÓN I

LA FRONTERA ENTRE LA TIERRA Y EL MAR

LOS HÁBITAT LITORALES

DISTRIBUCIÓN GEOGRÁFICA Y CLIMATOLOGÍA

CORRIENTES MARINAS Y FORMACIÓN DEL RELIEVE COSTERO

COSTAS DE EROSIÓN: ACANTILADOS Y OTRAS FORMACIONES ROCOSAS

PLAYAS, DUNAS Y ARENALES

DESEMBOCADURAS DE LOS RÍOS

HUMEDALES EN EL LITORAL

ECOSISTEMAS LITORALES

LOS HÁBITAT LITORALES

Desde la antigüedad, las costas han sido núcleo frecuente de asentamientos humanos. En particular, en la desembocadura de los ríos o en las proximidades de otras fuentes de agua dulce, indispensable para la subsistencia y el desarrollo de los pueblos, las regiones del litoral han acogido desde tiempos inmemoriales a numerosas comunidades humanas que se han sentido atraídas por la abundancia y la diversidad de sus recursos. El mar cercano a la costa les ofrecía, por una parte, una importante cantidad y variedad de alimento, que conseguían sobre todo mediante la pesca, así como un extenso muestrario de otras muchas materias primas de interés. También se constituía el mar en una excelente ruta para el desplazamiento de personas y mercancías, ya antaño surcada por embarcaciones cada vez menos rudimentarias que elegían costear el litoral como mejor opción para sortear los abruptos escollos de los acantilados y los densos boscajes de la tierra virgen.

Pero la historia del ser humano frente al medio marino se ha distinguido igualmente por la lucha perenne contra la fuerza de sus elementos. Como símbolo de esta ferocidad, en los relatos míticos de las civilizaciones más antiguas proliferan las referencias al océano como el caldo nutricio de monstruos devoradores de personas, que se describen como la encarnación misma del caos y de la perdición. Acaso pueda percibirse en ello un trasunto de la esencia del oleaje y las mareas que, tan benignos en tiempos bonancibles, llegan a convertirse en potencias letales y amenazadoras para barcos y poblados cuando éstos quedan a merced de las tormentas desatadas que arriban desde el mar.

Las costas han sido desde antiguo lugar frecuente de asentamientos humanos.

Los recursos que proporciona el mar constituyen uno de los motivos por los que millones de personas eligen la costa para habitar.

Al mismo tiempo, la creciente facilidad del transporte por la zona costera una vez dominadas las artes de la navegación hizo sencilla la llegada de expediciones invasoras, que aspiraban a ocupar ellas mismas las zonas más agradecidas del litoral o, simplemente, perseguían apoderarse de las cosechas, las provisiones, los bienes y las vidas de cuantos grupos humanos encontraban a su paso. El miedo al pillaje de los piratas llevó a muchos pueblos de pescadores a abandonar los puertos naturales para cobijarse en altozanos próximos a la costa, donde gozaban de mejores oportunidades para la defensa.

Esta dualidad de amistad y enfrentamiento en el trato con el mar es perceptible aún en buena parte de las costas del mundo. La frontera entre la tierra y el océano es sin duda un entorno privilegiado, elegido como lugar de residencia por miles de millones de personas que aprovechan ventajosamente los recursos tradicionales del mar (pesca, transporte) y los nuevos medios de vida que se asocian con la estructura económica de las sociedades contemporáneas (muy en particular la industria del ocio y la explotación turística).

Paralelamente, la continuidad de la presencia humana en las costas y el temor a las fuerzas oceánicas fuera de control ha procurado también una reconfiguración del paisaje costero, de manera que a las calas y ensenadas naturales escogidas tradicionalmente como refugio de las embarcaciones han venido a añadirse otras muchas obras practicadas artificialmente a modo de inmensos puertos repletos de dársenas, astilleros, escolleras, malecones y otras imaginativas modalidades de diques para la contención del oleaje. Playas remodeladas, empresas urbanísticas de gran envergadura, modificación de los cauces y las desembocaduras de los ríos en provecho de la industria o el desarrollo económico, contaminación asociada con los residuos urbanos e industriales y sobreexplotación de los recursos son factores que influyen decisivamente en el estado y la evolución de este entorno, elementos ya característicos de una región limítrofe de la tierra y el mar donde se hermanan, con resultados desiguales, el trabajo perpetuo de la naturaleza y el no menos incansable afán civilizador de la especie humana.

Características generales de las zonas de litoral

Los ambientes litorales, fronteras ecológicas de enorme dinamismo en cuyo seno tienen lugar procesos de intercambio de materia y energía de extraordinaria intensidad, reflejan en su variedad las huellas de una larga historia geológica. La acción del mar, con el embate ininterrumpido de las olas lanzadas contra la corteza sólida terrestre, origina dos tipos globales de fenómenos morfológicos: la erosión y la sedimentación. Como producto del primero, las zonas costeras que resisten ante la presión erosiva de las aguas se perfilan en formas singulares, a veces de gran belleza, constituyendo acantilados rocosos y farallones costeros. Son los llamados litorales de erosión.

A su vez, el inmenso aporte de sustancias sólidas transportadas por las olas y las mareas proporciona al litoral ingentes cantidades de material sedimentario, ya sea orgánico o inorgánico, de origen biológico o inerte, que lo inunda de nutrientes sobre los cuales se sostiene una rica cadena en la escala trófica de los seres vivos. Paisajes característicos de este tipo sedimentario propio de ciertas costas son las playas, los arenales y los humedales costeros, todos ellos conocidos genéricamente por el nombre de litorales de deposición o sedimentación.

De este modo, en la configuración final de la costa influyen múltiples elementos que actúan de modo concurrente y complejo. Es esencial, por una parte, la estructura primigenia del terreno que, sometida a los avatares relacionados con la dinámica geológica de la llamada tectónica de placas, resultará más o menos sensible a los efectos erosivos del océano. La colisión de las placas litosféricas, esa especie de descomunales «tablas» sólidas e independientes que flotan sobre el magma fluido subyacente del interior de la Tierra, de-

Las diferencias morfológicas de las costas son el reflejo de sus distintos historiales geológicos.

La configuración de las costas está condicionada por multitud de factores, como la estructura primigenia de la zona.

fine a grandes rasgos si una costa es de emersión o de inmersión, es decir, si con el paso del tiempo gana o pierde altura, respectivamente, sobre el nivel medio de las aguas oceánicas. Por otra parte, el agua marina en movimiento socava permanentemente la solidez del litoral, abriendo grietas y concavidades en los acantilados más robustos y buscando un camino por el que penetrar tierra adentro allí donde encuentra debilidades del terreno; así se forman, por ejemplo, bahías, ensenadas, rías y marismas.

Este «juego de contrarios» por el que se rige la evolución del litoral sirve de estímulo a la proliferación de la vida. En las márgenes terrestres a orillas del mar y en las aguas sumergidas de la plataforma continental prospera una infinitud de especies de plantas y animales. En el ámbito terrestre, o emergido, existen formas de vegetación y fauna muy características, cuando no endémicas, de los diversos tipos de costas. Baste citar algunos ejemplos ilustrativos, como son los palmerales tan típicos del medio marítimo tropical o los anidamientos de aves marinas en las paredes de los acantilados, que en algunos lugares devienen en auténticas aglomeraciones biológicas.

A su vez, el lado marino o sumergido de las costas conserva la mayor abundancia de vida que se conoce en el océano. Contribuyen a ello dos ingredientes esenciales: la luz y el alimento. Así, la radiación proveniente del Sol penetra únicamente en las capas más superficiales del agua del mar, con lo cual es sólo en los primeros metros de profundidad donde es posible realizar una de las funciones primordiales de la vida, la fotosíntesis, de la que se encargan las plantas provistas de clorofila (en el hábitat marino, las algas). Además, la proximidad de las desembocaduras de los ríos y otras corrientes suponen un valioso regalo en nutrientes de todo tipo que son aprovechados por las especies marinas.

La abundancia resultante de recursos del ambiente costero no debe, sin embargo, llevar a engaño. Los ecosistemas del litoral marino son extraordinariamente sensibles a los cambios ambientales, y algunos de ellos (son paradigmáticos los casos de los arrecifes de coral y los manglares) están sometidos a duras presiones recibidas del entorno que están motivando su retroceso generalizado. El calentamiento global del planeta y otros efectos de la industrialización a gran escala se han apuntado como causas determinantes de esta amenaza.

Los hábitat litorales son, en suma, escenario de una gran riqueza paisajística y ecológica que les confiere además un alto valor estético y recreativo. A ello se añade, desde otra perspectiva no menos relevante, la importancia económica que adquiere la amplitud de sus recursos, tanto en lo referente a la explotación pesquera como a las actividades turísticas y de transporte (en tiempos recientes se suma a lo anterior la creciente productividad de las prospecciones minerales y petrolíferas en las plataformas continentales sumergidas).

El conocimiento del mar, origen de la vida y depositario de las más extensas familias biológicas que no cesan de avanzar en su marcha evolutiva, comienza en la línea misma donde baten las olas, asiento ya de un singular ecosistema que ha de servir de antesala al desentrañamiento de los secretos mejor guardados de las profundidades oceánicas. Todo ello dota, en conjunto, a los entornos litorales de una trascendencia merecedora de una atención especial dentro del estudio de los océanos del mundo.

Los hábitat litorales adquieren, en ocasiones, una gran belleza paisajística.

Distribución geográfica y climatología

Según las estimaciones científicas, las costas de los distintos continentes suman una longitud total superior a los trescientos mil kilómetros. Es evidente que, por la propia disposición de las tierras continentales en el globo terráqueo, dichas costas abarcan la práctica totalidad de las latitudes, desde las regiones heladas cercanas a los polos hasta las cálidas orillas del ecuador y los trópicos. El desigual reparto de las masas terrestres en el planeta, que están mucho más presentes en el hemisferio norte que en el sur, justifica asimismo que la longitud de las costas sea mayor en la mitad septentrional del globo, donde siguen predominantemente las líneas de los continentes. En cambio, en el hemisferio austral existen grandes «vacíos» de tierra, que en el océano Pacífico aparecen jalonados por sucesiones de archipiélagos e islas que se distinguen por un perfil costero particular.

Esta configuración de los ambientes litorales es producto de una prolongada sucesión de acontecimientos geológicos. Desde la formación primigenia de los océanos, probablemente a partir del agua emanada y más tarde condensada de las reacciones químicas habidas en el interior terrestre, los niveles medios relativos de las aguas oceánicas y de la corteza sólida emergida han variado sus-

La configuración de los ambientes litorales es el resultado de la acción geológica a lo largo de muchos años.

El clima es uno de los agentes que tiene mayor incidencia en la configuración de los hábitat costeros.

tancialmente de unos momentos geológicos a otros. El simple estudio de los rastros de las glaciaciones que tuvieron lugar durante el Pleistoceno, período de la historia terrestre con una antigüedad comprendida entre 1.600.000 y 10.000 años, revela que la congelación de las aguas debida al descenso de las temperaturas a escala planetaria provocó en su día un marcado avance de la línea de costa en todos los continentes.

Algunas estimaciones establecen que el nivel medio de las aguas oceánicas en esta época se situaba en unos 120 metros por debajo del actual, lo que supone que grandes extensiones de la zona hoy situada bajo el mar próxima a las costas estaban entonces expuestas a la acción directa de la atmósfera y de la luz solar. El aumento térmico global que siguió a aquel período glacial llevó a un avance espectacular de las aguas, paralelo al deshielo de una parte importante de los casquetes polares, con lo que amplias superficies entonces terrestres quedaron totalmente sumergidas. Este fenómeno se aprecia, por ejemplo, en la estrecha similitud que existe en la configuración del paisaje submarino de la plataforma continental, situada en torno a las costas, y el propio de las tierras emergidas circundantes. No en vano, ambos compartieron destino, y propiedades geológicas, hasta el final de la última glaciación.

Tal sucesión de hechos explica por sí misma la influencia de los patrones de la actividad morfogeológica y el clima en la evolución de los océanos considerados en su globalidad y, en concreto, de las líneas de costa. Los procesos erosivos y sedimentarios que configuran el litoral desde los principios geológicos encuentran en las precipitaciones atmosféricas, el viento y la temperatura sus principales agentes. Las primeras alimentan las corrientes que desde el interior de la corteza terrestre desgastan las distintas capas del suelo y acarrean el material sedimentario que termina por acumularse en los bordes del mar. Tal fenómeno justifica las diferencias notables observadas entre las costas de los ambientes tropicales y las de regiones de clima desértico, donde la escorrentía superficial y el aporte sedimentario suministrado por las corrientes fluviales son marcadamente inferiores.

En segundo lugar, el viento actúa sobre la forma y la composición del hábitat litoral a través de su gobierno sobre las olas. Los patrones eólicos dominantes de cada región tienen un reflejo en el paisaje y la orografía de las costas a través de procesos de complejidad diversa. Un efecto claramente perceptible de lo indicado es la formación de dunas en las playas, sedimentos de arena que alcanzan mayores dimensiones en las zonas donde los vientos soplan persistentemente siguiendo una determinada dirección. A su vez, una embestida más violenta o prolongada de las olas contra las rocas costeras motiva un resultado erosivo profundo, que no deja de advertirse en sus extrañas configuraciones.

A su vez, la temperatura actúa como el tercer factor climático modelador de los entornos litorales. La relevancia del elemento térmico a orillas del mar es doble. Por una parte, interviene como un agente de meteorización, favoreciendo u obstaculizando la transformación de los materiales originales de la costa en otros diferentes a través de procesos físico-químicos. Por otra parte, la configuración geológica de las regiones del globo sometidas estacionalmente a valores térmicos muy bajos, como son las próximas a los polos, se ve en cierta medida resguardada por la presencia de los hielos perpetuos o largamente duraderos. La tierra tapada por las masas heladas no sufre, por razones evidentes, el azote del oleaje, con lo que conserva sus formas y propiedades bajo el manto gélido que la cubre. Ello garantiza un mayor estatismo en el perfil costero, como puede apreciarse, por ejemplo, en numerosas zonas del norte del continente americano que permanecen bajo una capa de hielo durante buena parte del año.

Desde otra perspectiva, ajena a los largos procesos de la acción geológica en sí, la intervención del clima es igualmente importante en las zonas del litoral por la alta densidad de población que se congrega en ellos y por la fragilidad de algunos de sus ecosistemas más apreciados. En términos gene-

La temperatura es uno de los factores climáticos que ejerce como modelador en el entorno litoral.

Los océanos actúan de forma importante en el clima de las zonas costeras.

rales, puede decirse que la cercanía del océano actúa como un moderador climático. Ello se debe a que las masas acuáticas reaccionan con más lentitud que las terrestres a las variaciones térmicas; así, en las estaciones cálidas aportan el frescor que conservan desde el invierno, y en las épocas frías se oponen al descenso drástico de las temperaturas que sufren las tierras continentales. De ello se benefician los pobladores de las costas de todo el mundo.

Sin embargo, esta bonanza puede verse radicalmente subvertida cuando la propia masa de agua marina sirve de alimento a fuertes borrascas y huracanes. Muy conocidos son los que azotan en otoño las costas del Caribe y el golfo de México o los tifones comunes hacia la misma época en la región occidental del Pacífico, a menudo de efectos terriblemente devastadores. La propia dinámica de los tifones y huracanes convierte a estos fenómenos en típicamente marinos, pues sobreviven mientras pueden asimilar la humedad del mar que, en esencia, los nutre; por ello, sus efectos son más dañinos en el borde del mar, con vientos a veces intensísimos que provocan inundaciones y con un alto poder de destrucción. En cambio, tierra adentro, tanto huracanes como tifones pierden gran parte de su fuerza, privados ya de su alimento acuático, para devenir en simples e inofensivas tormentas.

Las previsiones meteorológicas lanzadas por los científicos para las primeras décadas del siglo XXI mueven ciertamente a la preocupación acerca de la magnitud de estos fenómenos. Una de las consecuencias esperadas del calentamiento global que se percibe en todo el planeta, probablemente no ajeno a la creciente industrialización de las sociedades modernas, es una mayor frecuencia e intensidad de las tormentas tropicales. Ello hace de las costas de los trópicos zonas especialmente vulnerables a una amenaza que se cierne no sólo sobre las vidas y posesiones materiales de sus habitantes, sino también sobre la riqueza y biodiversidad de sus ecosistemas más sensibles: los humedales, los bosques de manglar y los arrecifes coralinos.

Las tormentas tropicales son cada vez más frecuentes e intensas debido al calentamiento del globo terráqueo.

Corrientes marinas
y formación del relieve costero

Como se ha dicho, el relieve de los entornos litorales es producto del encuentro de dos fenómenos que actúan en direcciones opuestas: la erosión de la costa por las olas, las corrientes y las mareas, y la acumulación de depósitos de materiales que llegan a la misma arrastrados por estos mismos agentes y desde el interior terrestre. Cuando predomina el aspecto erosivo, el paisaje resultante en la frontera entre la tierra y el mar es abrupto, con notables «vaciados» de material, entrantes y cortes rocosos denudados. En cambio, si el dominio corresponde a los procesos sedimentarios, se conforman más bien zonas de playa, con abundancia de arenas y otros materiales acarreados por las aguas.

Basta contemplar durante un tiempo el batir del mar contra el litoral, ya sea éste rocoso o arenoso, para comprender la fuerza de la acción del oleaje. A la merced del viento, las corrientes y las mareas, las olas van definiendo de forma lenta e imperceptible el dibujo de la costa, arrancándole fragmentos de materia sólida en cada rompiente o aportándole la sustancia del mar, que queda suavemente depositada en arenales. Estos sedimentos, que llegan suspendidos en el agua rompiente, proceden de los fondos marinos, extraídos a distintas profundidades según la envergadura de la ola. Simple arena desmenuzada, cantos rodados o material rocoso de cierta envergadura arriban así continuamente a las playas y a los acantilados.

La erosión producida por las olas es la causante morfológica de muchos paisajes costeros.

La acción abrasiva de las olas produce efectos de desagregación y desmenuzamiento.

Este mismo oleaje puede robar también aquello que ha aportado cuando, en las situaciones de tormenta, su embate arranca el material sedimentario de las playas. Muchas de ellas quedan destruidas después del paso de los huracanes tropicales y los tifones de las zonas templadas. Además, la propia arena o piedra que viaja con las olas actúa como un excelente instrumento abrasivo, una inmensa «lija» de pulimento natural que despoja poco a poco a las superficies de los acantilados rocosos de su cubierta más externa.

Corrientes en el litoral

Desagregación, desmenuzamiento y arrastre son los efectos más comunes de la acción abrasiva de las olas. Al mismo tiempo, éstas son responsables de procesos de reagrupamiento y estabilización de los materiales dispersos que contienen y transportan. Es en este aspecto en el que cobran relevancia los diferentes tipos de corrientes costeras.

La aparición de estas corrientes se explica por la acción de un fenómeno conocido como refracción de las olas. Raras veces éstas se aproximan al litoral en una dirección perpendicular al mismo. Más al contrario, las olas suelen incidir sobre la costa en un sentido oblicuo. Sin embargo, cuando se topan con los fondos superficiales de suave pendiente próximos al litoral, se «refractan» o reorientan, de manera que el frente de onda de la ola tiende a desplazarse en paralelo a la costa.

Conocidos por el nombre de corrientes de litoral o de deriva, estos difusos «ríos» marinos costeros se extienden desde la orilla hasta la zona donde rompen las olas y alcanzan velocidades comprendidas entre algunas decenas de centímetros por segundo y varios metros, en condiciones de inestabilidad tormentosa. A grandes rasgos, tales velocidades dependen del ángulo de llegada de las olas, la altura de la rompiente y la pendiente de la costa.

La acción combinada de la corriente de litoral y el oleaje impulsa los materiales sedimentarios (arena,

rocas, etc.) hacia ciertas zonas preferentes dentro de la costa, creando rasgos diferenciales en el paisaje. Así, las bahías y ensenadas reciben un ataque más débil de las olas, cuyo mayor impacto incide contra los extremos y los laterales de los frentes de tierra. Por ello, en las zonas guarecidas de la acción más energética del oleaje se hace posible el depósito de material sedimentario, para formar dunas y playas de arena. En cambio, los cabos y salientes, más expuestos a la erosión marina, están genéricamente desprovistos de estas acumulaciones.

De naturaleza bien distinta de las anteriores, las denominadas corrientes de retorno discurren en dirección perpendicular a la costa. La formación de estas corrientes se debe a un sencillo fenómeno físico: en la zona de rompiente, las olas cargadas de materia sedimentaria provocan un ligero pero perceptible ascenso en el nivel del agua camino de la orilla, de manera que se crea una situación inestable que tiende a reequilibrarse espontáneamente por efecto de la gravedad. Para ello, el agua que llega a la orilla retrocede hacia el interior del mar, por lo general en forma de corrientes relativamente estrechas (de 15 a 30 m de anchura) que avanzan a unos 8 km por hora. Conocidas popularmente por los bañistas con el nombre de «resaca», estas columnas de agua son más bien turbias y turbulentas, dado que arrastran sustancias en suspensión desde la playa. A veces efímeras, las corrientes de retorno se instauran en algunos lugares con mayor vocación de continuidad y llegan a persistir en el mismo punto durante varios meses seguidos. Como rastro de su paso por la playa dejan a menudo un reguero o canal muy característico.

Aquellas zonas en las que el rasgo dominante de la acción geológica sobre el litoral es la energía de las olas presentan algunas características claramente discernibles. Acaso la principal sea la tendencia a la formación de islas de barrera en disposiciones largas y dotadas de cierta continuidad. En estas zonas son también frecuentes las bahías y lagunas costeras, así como la sucesión de humedales en las áreas llanas y protegidas del oleaje. Las regiones mediterránea y báltica, en el continente

La acción de las olas cobra una enorme importancia tanto en zonas rocosas como arenosas.

Los rasgos orográficos de las costas están condicionadas por diferentes aspectos como las mareas.

Los flujos de las mareas juegan un papel importante en la orografía costera.

europeo, y las costas de Florida, Texas y Carolina del norte, en territorio de Estados Unidos, se citan frecuentemente como ejemplos ilustrativos de este modelo de paisaje litoral.

Influencia de las mareas en el relieve costero

Los flujos de las mareas, fenómenos de avance y retroceso de las aguas del mar con respecto a la orilla a intervalos regulares regidos por el movimiento de la Luna y el Sol tienen también interés en el estudio de la formación de la orografía del litoral. De hecho, el ascenso y descenso del nivel oceánico junto a la costa se produce en intensidades muy desiguales en las distintas partes del globo, alcanzando apenas medio metro de altura en numerosas latitudes y superando los 10 m en otras. El máximo valor detectado de oscilación de las mareas, de hasta 16 m de diferencia entre la pleamar y la bajamar, se ha encontrado en la bahía de Fundy, una rica zona pesquera sita en la zona sudoriental de Canadá.

La importancia de las mareas para la definición de los rasgos morfológicos de las costas es tal que, atendiendo a este criterio, han dado en distinguirse tres categorías de litorales. La primera, de régimen macromareal, corresponde a variaciones en la altura de las mareas superiores a 4 m, que se alcanzan sobre todo en costas enfrentadas al océano como las del Atlántico y el mar del Norte en Europa, o la ya citada bahía canadiense de Fundy. En segundo lugar se define el régimen mesomareal o intermedio, con oscilaciones comprendidas entre 2 y 4 m. Finalmente, cabe mencionar el régimen micromareal, caracterizado por olas de marea de un máximo de 2 m que se advierten predominantemente en áreas más protegidas, como los mares cerrados del Báltico y el Mediterráneo en Europa. No es necesario decir que los efectos de las mareas son más perceptibles visualmente en zonas llanas, donde el ascenso de las aguas se aprecia como una inundación cíclica y cotidiana de una parte amplia de la costa que a veces penetra varios kilómetros hacia el interior, como sucede en algunas rías profundas.

Las corrientes de las mareas transportan materiales hacia la costa de modo semejante a las corrientes de deriva o litoral antes mencionadas, aunque para que su efecto sea perceptible han de concurrir ciertas condiciones que amplifiquen sus efectos. En este mismo sentido, las mareas modelan también el paisaje costero por acumulación de materiales triturados y por la erosión abrasiva de la orilla.

Del estudio de los distintos regímenes hidrológicos del mar se concluye que, en algunas zonas, las corrientes de marea prevalecen sobre la acción del oleaje y las corrientes de litoral, lo que modifica sustancialmente los rasgos orográficos de la costa implicada. Regiones como la bahía de Bengala, con la desembocadura del Ganges y el Brahmaputra; el golfo Pérsico donde desaguan conjuntamente el Tigris y el Éufrates, o el golfo de California, en el oeste de Norteamérica, son representativas de este modelo geológico. Todas ellas comparten como trazos genéricos de su paisaje la ausencia de islas barrera, eliminadas por el intenso poder erosivo de las corrientes mareales; la desembocadura de las corrientes fluviales en forma de estuario, pues la propia dinámica de las mareas excluye la creación de deltas, y el transporte de los aportes sedimentarios de los ríos hacia el litoral para depositarse en crestas arenosas paralelas al flujo de la marea.

Entre los extremos citados de régimen de corrientes dominado por el oleaje y aquel en el que predominan las mareas cabe incluir un modelo intermedio o mixto, donde la relevancia de las olas y el flujo mareal son equivalentes. En tal modelo se encuadran la mayor parte de las costas mesomareales, con oscilaciones de marea comprendidas entre 2 y 4 m, como puedan ser las del golfo de Alaska, el litoral septentrional de Alemania a orillas del mar del Norte o las costas de Nueva Inglaterra, en el nordeste de Estados Unidos. En ellas ha de esperarse encontrar deltas fluviales, si bien no tan prominentes como en las costas de oleaje. Existirán asimismo islas barrera, también menos definidas que cuando no influyen las mareas, junto con algunas penetraciones mareales hacia el interior, con abundancia relativa de marismas, y una formación de dunas notoriamente más acusada que cuando estos promontorios arenosos se deben sólo a la acción de las olas y el viento.

Diferentes materiales son transportados hasta las costas a través de las corrientes de las mareas.

COSTAS DE EROSIÓN: ACANTILADOS Y OTRAS FORMACIONES ROCOSAS

Algunos de los más espectaculares paisajes marinos corresponden a los acantilados, pétreas moles verticales de material sólido que, en algunos lugares, parecen prestas a desplomarse sobre el mar. Son míticos los farallones costeros cercanos a Dover, ciudad del sudoeste de la isla de Gran Bretaña, que han sido escenario de varias obras emblemáticas de la historia del cine. Estas formaciones abundan, no obstante, en todas las latitudes y son características de una estructura geológica muy concreta: las denominadas costas de erosión.

Al contrario que las llanuras marinas arenosas, que son asiento de playas y marismas, las rugosas costas de erosión son el resultado de la larga y paciente acción del oleaje, el viento y las mareas que desde los primeros tiempos geológicos han ido modelando el perfil de amplias zonas de litoral. El efecto abrasivo de las olas, cargadas de piedra y arena que actúan a modo de esmeril, sobre costas proclives a la erosión ha ido pergeñando formas singulares, no sólo acantilados sino también otros tipos de configuraciones rocosas, como son las plataformas de abrasión, los arcos y las chimeneas costeras que animan las orillas de los mares con sus originales y caprichosos diseños.

Estas formaciones comparten una topografía abrupta y accidentada, frecuente sobre todo en los

Muchas aves marinas encuentran en los acantilados refugios ideales donde poder posarse.

Los acantilados poseen una topografía abrupta y accidentada.

bordes de las placas litosféricas de la corteza terrestre, como sucede en las costas occidentales de todo el continente americano. Algunas deben su creación, sin embargo, a fenómenos glaciares de carácter más global, donde el avance y posterior retroceso de los hielos durante la última glaciación ha dejado hondas huellas en el paisaje. Ejemplos ilustrativos de esto último pueden encontrarse en la península de Escandinavia, con sus altos y profundos fiordos, o en las costas estadounidenses de Nueva Inglaterra. Dentro de su diversidad, en las costas de erosión cabe encontrar propiedades y características comunes, que se exponen sucintamente en los siguientes apartados.

LOS ACANTILADOS, ATALAYAS SOBRE EL MAR

En términos genéricos, los acantilados suelen definirse como paredones que se yerguen en dirección vertical directamente desde el océano. Surgidos en terrenos elevados sobre el nivel del mar, se ven permanentemente socavados en su base por la acción de las olas. Ello promueve la formación de oquedades, orificios a través de los cuales a menudo el agua se proyecta a modo de un sifón, sobre perfiles rígidos y escarpados que literalmente retroceden ante el ímpetu del océano.

En su modo de evolución más común, estas paredes verticales se desarrollan en terrenos de material granítico, calizo o volcánico, al lado de afloramientos de rocas sedimentarias o en regiones atravesadas por cordilleras o macizos montañosos. Con el paso del tiempo, los farallones costeros van perdiendo material por la base, minados por la erosión del agua, de manera que las rocas superiores terminan por asomar sobre el precipicio hasta que ceden y se derrumban con estrépito sobre el mar. Este movimiento regresivo explica asimismo que, dentro de su comportamiento dinámico, el acantilado mantenga esencialmente una estructura vertical, que es más acusada cuanto mayor es la resistencia de la roca (los acantilados graníticos suelen ser los más escarpados).

El derrubio desplomado de la pared o la cumbre de la pared rocosa puede acumularse al pie de la formación o ser arrastrado hacia el interior del mar cuando el oleaje es vivo. En cualquier caso, es común que, como residuo de su permanente retirada, el acantilado cree en su base una zona relativamente plana, con forma de banco, que recibe genéricamente el nombre de terraza, plataforma de abrasión o rasa costera. La extensión de esta plataforma oscila, según los casos, entre unos pocos metros y varios hectómetros. La inestabilidad de su superficie la lleva a menudo a fragmentarse en moles rocosas que, en ocasiones, se alzan a cierta distancia de la costa para definir uno de los tipos más espectaculares de paisaje costero.

Es también frecuente que en la base de un acantilado costero termine por asentarse una estrecha franja de arena o, más comúnmente, de cantos rodados y guijarros apilados. A veces se constituyen en esta zona playas de una dimensión notable, cuyo material se va acumulando con el desplome del acantilado, pero también por el lento aporte de sustancias que llegan con las olas. Sin embargo, no es raro que, en condiciones de tormenta, estas playas lleguen a desaparecer, de manera temporal o definitiva, deshechas y arrastradas por las embestidas del mar.

En cualquier caso, atendiendo a la ubicación y a la naturaleza del terreno sobre el que se asientan, cabe distinguir dos grandes tipos de acantilados. El primero corresponde a la variedad conocida como «acantilado activo», aquel que sobresale sobre aguas relativamente profundas y que va perdiendo por debajo el material erosionado por las olas. El segundo grupo comprende los llamados «acantilados inactivos», retirados a una cierta distancia de la orilla y que se alzan por encima de plataformas arenosas, fuera ya del alcance del oleaje intenso.

Por la dureza del entorno y la fuerza del proceso erosivo, los paredones litorales parecen lugares poco propicios para el desarrollo de la vida. La escasa vegetación que los cubre ha alcanzado un importante grado de especialización ante las rigurosas condiciones ambientales de estos cortados rocosos. La constante regresión de los acantilados ex-

La acción de las olas produce la socavación de la parte inferior de los acantilados.

Algunos de los más espectaculares paisajes marinos se producen en los acantilados.

cluye además el desarrollo de todo tipo de arbusto o matorral de ciclo de vida largo. Por su parte, la escasez, o incluso inexistencia, de suelo firme obliga a estas especies a sobrevivir con un arraigo extremadamente somero. En su lucha denodada por la vida, las plantas que jalonan estos precipicios sobre el mar se distribuyen siguiendo una disposición a modo de «cinturones vegetales», de manera que en cada cinturón prosperan las especies mejor adaptadas a las condiciones microambientales de las distintas alturas del farallón. Algunas, las que se aventuran más abajo en la pared, resisten bien la acción mecánica de las olas y la elevada salinidad del entorno; otras, en cambio, se ven forzadas a prosperar en las estrechas acumulaciones de suelo fértil de alturas superiores, extrayendo del terreno empobrecido su escasa cantidad de nutrientes y asimilando el agua de la humedad ambiental mediante órganos especializados.

En sentido contrario, son numerosas las aves marinas que encuentran en los acantilados un refugio ideal para posarse y preparar sus nidos. Sus crías más afortunadas progresarán en las oquedades de la pared lejos de los depredadores, en colonias que llegan a sumar en algunos lugares privilegiados varias decenas de miles de individuos. Los archipiélagos del Atlántico norte europeo, como las islas Hébridas, Shetland y Órcadas, representan un paraíso para el anidamiento de muchas de estas aves. Tal variedad de fauna añade un punto de interés suplementario a unas formaciones geológicas que, por su belleza y singularidad inherentes, se sitúan entre los rasgos paisajísticos más apreciados de los litorales del mundo.

ARCOS, CUEVAS Y CHIMENEAS. Además de los acantilados, la abrasión debida a las olas rompientes esculpe en el litoral rocoso figuras extrañas y ciertamente atractivas. En los propios farallones costeros, esta acción erosiva horada grutas ocasionales, a menudo de una profundidad considerable, que a veces presentan orificios de entrada y de salida por los que fluye el agua batida por el oleaje. Cuando las aberturas se sitúan en planos horizontales, el movimiento marino a su través provoca efectos de sifón, que constituyen un reclamo adicional para el turismo en ciertas costas. Si los orificios son verticales, se forman cuevas y arcos litorales, también de gran belleza y espectacularidad. La creación de estas últimas formaciones arquitectónicas naturales surge originalmente de la diferencia en la composición del lecho rocoso y de la resistencia que ofrece al trabajo erosivo ejercido por el agua marina. Ya sean abovedados o de techo rectangular, estos arcos suelen hundir sus pilares en las aguas someras, y alcanzan alturas de hasta varias decenas de metros sobre el oleaje.

Es común la presencia de arcos litorales en zonas de desarrollo de plataformas de abrasión, al pie de los acantilados. En última instancia, la penetración del agua y su poder erosivo pueden terminar por derrumbar la parte superior del arco, para dar lugar a las llamadas chimeneas litorales, otro rasgo morfológico típico de las costas de erosión. Algunas de estas estructuras se han granjeado una merecida fama por su espectacularidad. Tales son, por ejemplo, las Agujas que se alzan frente a la isla inglesa de Wight o la sucesión de farallones semiderruidos situados al sur del estado australiano de Victoria, en la región bautizada con el elocuente nombre de costa de los Doce Apóstoles, por la semejanza de estas formaciones con esculturas megalíticas de aspecto humano. No obstante, el desgaste incansable del mar puede poner término a la persistencia incluso de estas vistosas chimeneas, de manera que, a la postre, el que fuera un arco rocoso deslumbrante llegará a convertirse en un elemento más de la plataforma de abrasión, desabrida y desnuda.

La acción abrasiva de las olas llega a moldear algunas rocas con formas realmente extrañas y llamativas.

Playas, dunas y arenales

La playa representa para muchas personas la imagen arquetípica del paisaje al borde del mar. A menudo se ha forjado en torno a ella una imagen idílica, que la asocia con el descanso relajado y el placentero disfrute de la naturaleza en dos de sus dones más deseados por el ser humano: la calidez del sol y el frescor de las aguas. La sociedad del ocio, como ha dado en llamarse la cultura resultante de la postindustrialización y el turismo masivo, ha hecho de los destinos playeros los más demandados para el período vacacional. En los meses de verano, millones de personas no dudan en recorrer largas distancias desde sus lugares de residencia para pasar unos días de solaz en balnearios naturales de casi cualquier parte del mundo: las costas del Caribe, las islas del Mediterráneo, los soleados litorales de España, Turquía o el norte de África, la exótica Tailandia, las legendarias playas de Copacabana e Ipanema en Río de Janeiro, los archipiélagos de coral en el Pacífico...

Sin embargo, en un sentido no restringido, el concepto de playa es bastante más amplio que la mera imagen de un lugar de arenas blancas y frondosas palmeras que proyectan su sombra hasta la orilla misma del océano, como parecería desprenderse de este reclamo tan socorrido de las agencias de viajes. Entendida en general como una superficie casi plana cubierta de arenales, la playa puede formarse igualmente en la ribera de ríos, lagos, pantanos y cualquier otra extensión de agua, ya sea dulce o salada. Aun así, no cabe duda de que son las playas enclavadas en las llanuras costeras

Las playas constituyen el más representativo de los paisajes costeros.

Factores económicos, como el turismo, han colaborado a convertir determinadas playas en importantes centros urbanísticos.

del borde del mar las que merecen con el máximo derecho esta denominación.

Las playas: composición, elementos y tipos

Desde un punto de vista científico, las playas de la ribera de los mares se definen como accidentes geográficos resultantes del proceso de acumulación en el litoral de sedimentos de diversos tamaños, desde el grano microscópico hasta la gravilla, los cantos rodados o incluso rocas de dimensiones notables. Estos materiales llegan a la orilla arrastrados por las olas y los efectos de las mareas. De su aporte se encargan las corrientes de deriva, activas en el entorno costero, y también los flujos mareales en su ciclo diario, especialmente cuando son de alta intensidad. El régimen local de los vientos y las grandes corrientes oceánicas, la naturaleza del terreno y el perfil del litoral son elementos que determinan en buena medida cuáles serán la configuración y las características dominantes de una playa.

Estas formaciones litorales son acaso las más identificables de las denominadas costas de deposición que, a diferencia de las de erosión (como los acantilados), son receptoras netas de acúmulos de material procedente del mar. Abarcan una extensión comprendida entre la línea de la bajamar y los puntos más extremos a los que pueden ser proyectados los granos y los guijarros por el oleaje más intenso. En un enfoque más general, también es posible incluir dentro de la estructura de playa la zona arenosa o de grava fina que, permanentemente sumergida, se prolonga desde la ribera hasta la línea de rompiente de las olas, hacia el interior marino.

En su mayoría, las playas están formadas por una base aglomerada de arena de sílice. Así sucede en las extensiones playeras comunes de las regiones templadas del globo, donde también abundan sedimentos de arenas más gruesas y cantos rodados. No obstante, en los trópicos el material subyacente de las playas puede no ser arena, sino un sedimento de origen biogénico, sobre todo de conchas y corales fragmentados. Estas playas cuentan, por tanto, con un contenido fundamentalmente de

carbonato, un material que muestra mayor tendencia a cementarse en rocas.

Por su propia naturaleza, las playas, ya sean silíceas o carbonadas, emergen en el borde del mar como franjas de arena y rocas de baja inclinación y una anchura variable y relacionada con la magnitud de las mareas. Son, por tanto, sistemas físicos sujetos a fenómenos frecuentes de «movilización» que los someten a continuos reajustes. La acumulación de nuevos materiales empuja sin pausa a los antiguos y altera permanentemente la ubicación del sustrato de arena y grava. A esta dinámica lenta e ininterrumpida se superponen acontecimientos de carácter esporádico o estacional que reconfiguran drásticamente los perfiles playeros: en su apogeo, tormentas y temporales pueden causar grandes destrozos en los bordes litorales. De este modo, el destino a largo plazo de una playa, si se excluye la cada vez más frecuente acción modificadora del ser humano, variará según cuál de las dos tendencias contrapuestas esenciales predomine. Así, algunas franjas arenosas engrosarán paulatinamente su nivel de sedimentos y permanecerán en el tiempo; otras, en cambio, serán poco a poco engullidas por el mar y acabarán por desaparecer.

En términos generales, en la extensión de una playa cabe distinguir varias zonas de acumulación sucesiva. La parte superior, cubierta de arenas siempre secas donde se concentra la mayor parte de los bañistas en verano, recibe el nombre de berma. Es ésta una franja de arena o guijarros situada enfrente del litoral por encima del nivel máximo de la pleamar cuando el mar está en calma. Alcanza su mayor altitud en la llamada cresta de playa, si bien la movilidad del arenal lleva a que en ocasiones puedan percibirse varias de estas crestas sucesivas que marcan los distintos estadios de evolución de la playa con el paso del tiempo. En las bermas del litoral suelen depositarse los materiales más gruesos y pesados, a veces rocas de cierta envergadura, y sobre ellos crece la vegetación más densa del entorno.

La zona situada entre las pleamares y las bajamares con mar en calma, que se inunda recurrentemente con el ciclo de las mareas, se conoce como bajo de playa. El continuado vaivén de las olas en el curso del día motiva un relativo alisamiento de esta superficie, cuya pendiente suele ser menos acusada que en la berma. También los materiales son más finos, al estar permanentemente cribados por el batir del agua, y el paso de las olas de marea sobre su superficie se revela con expresivos dibujos rizados y ondulados que, a modo de surcos, permiten apreciar someramente la tenden-

En su mayoría, las playas están constituidas por gran cantidad de arena de sílice.

Imagen de una playa situada en la costa tropical.

Las condiciones ambientales de las playas no son propicias para el desarrollo de una vegetación muy variada.

cia que siguen las olas en la playa. Por último, la parte más alejada se conoce por el nombre de anteplaya. Permanentemente cubierta por las aguas, esta angosta zona se prolonga mar adentro desde la línea de la bajamar hasta el lugar donde la acción oscilatoria del oleaje deja de ejercer su influencia sobre el fondo marino.

Debe decirse que la estructura mencionada de berma, bajo de playa y anteplaya no es universal en todas las franjas arenosas del borde del océano. Además, las dimensiones y características de cada uno de estos elementos pueden experimentar importantes cambios en las distintas estaciones del año.

Desde otra perspectiva, la diversa acción de las corrientes de deriva y el oleaje ha permitido establecer una distinción entre dos familias genéricas de playas: libres y bloqueadas. Las primeras sufren una mayor evolución, dado que los sedimentos que contienen se ven expuestos a movimientos importantes por efecto de las olas. Algunas de estas playas adoptan siluetas muy características, como sucede con las llamadas de «cola de cometa» que nacen al abrigo de un obstáculo, como un escollo del terreno o un islote. Cuando el islote llega a unirse con la costa por una franja de arena, ésta se denomina tómbolo o espiga.

A su vez, las playas bloqueadas gozan de mayor estabilidad, al estar resguardadas del oleaje más violento por su ubicación geográfica. Entre ellas se encuentran las playas adosadas a la costa, normalmente en forma de arco y dispuestas sobre ensenadas o calas flanqueadas por promontorios. El «robo» de sedimentos por el mar en estas playas resulta mucho más difícil que en las costas rectilíneas, en las que se acumulan playas inestables que son frecuentemente barridas por las tormentas. Por último, cabe hablar también de las franjas arenosas o pedregosas que nacen al pie de los acantilados, como producto del derrubio de las rocas superiores de las paredes que se vierten al mar.

Las condiciones ambientales de las playas, dominadas por la erosión del viento y el agua, la inestabilidad y pobreza en nutrientes del sustrato y la elevada salinidad, no resultan muy propicias para el desarrollo de la vegetación. Por ello, la presencia de plantas es relativamente escasa, y su variedad se restringe normalmente a especies suculentas (cactáceas y otras xerófitas adaptadas a la sequedad del medio) o ejemplares de porte arbóreo o arbustivo que, como las numerosas variedades de palmeras, arraigan a escasa profundidad. En los bordes superiores de la playa se desarrollan colonias de juncos y gramíneas.

La fauna terrestre propia de estos ámbitos costeros no es demasiado variada, y consiste principalmente en insectos y otros invertebrados. Sin embargo, en el territorio de avance y retroceso de olas y mareas y en la zona de anteplaya, fijos a las rocas batidas por el mar o deambulando entre la arena, las aguas y las numerosas oquedades del entorno, multitud de invertebrados y peces de litoral animan de vida los perfiles costeros creando la base de una activa biodiversidad.

Sistemas de dunas y barras litorales

Uno de los rasgos orográficos más representativos de las playas y arenales costeros son las dunas. En este caso, los sistemas dunares son producto casi exclusivo de la acción del viento, que desplaza el material de la playa hasta formar pequeñas colinas o promontorios de arena movediza. Las dunas se van acumulando allí donde la acción del viento encuentra algún obstáculo que reduce la velocidad de transporte aéreo del fino grano arenoso. Entonces, adoptan el perfil dunar característico, a modo de una media luna con la parte más pendiente situada al abrigo del aire.

El depósito de la arena arrastrada por el viento desde la playa parece seguir una disposición en saltos, en un fenómeno conocido como saltación, de manera que se originan a partir de las llamadas dunas embrionarias o vivas, aún en movimiento tierra adentro y cubiertas por una vegetación rala de carácter pionero que se ha adaptado a la pervivencia en medios móviles y de sustrato salino. No obstante, esta escasa vegetación facilita el asentamiento de los sedimentos de la duna, de forma que

Las dunas son uno de los paisajes más representativos de zonas de playa.

estas dunas embrionarias pueden llegar a desarrollarse con cierta rapidez, uniéndose unas con otras para conformar una cadena en la parte de la playa más alejada del mar. Nacen así las dunas fijas que, al estar colonizadas por vegetación más permanente con especies arbustivas e incluso arbóreas (son característicos los bosquecillos de sabinas y enebros), actúan como freno para la acción del viento y atrapan cada vez más material sedimentario. Cuando estas estructuras llegan a consolidarse y dan lugar a una formación orográfica de tipo superior, se habla de dunas fósiles.

El avance de la línea costera hacia el mar puede dar lugar al nacimiento de varias líneas de dunas alineadas, que configuran un paisaje inconfundible y de gran atractivo estético. En ocasiones, el espacio entre dunas costeras alineadas es ocupado por especies vegetales que engendran un ecosistema local húmedo en el que prospera una alta diversidad de formas de vida.

En las zonas del litoral existen formas arenosas peculiares, con características que permiten diferenciarlas de las playas propiamente dichas. Entre ellas destacan las denominadas flechas, que se definen como barreras largas y estrechas formadas por la acumulación sedimentaria de arena y grava que se proyectan desde la tierra, frecuentemente en el extremo de una bahía. Cuando estas flechas se curvan de nuevo hacia tierra, empujadas por el oleaje, pueden llegar a cerrar prácticamente la salida al mar abierto desde la playa.

Son muy conocidas las sucesivas barras que protegen las orillas del golfo de México, a lo largo de todo el litoral desde la península de Florida hasta la frontera de México. Estos bancos de arena, que también son habituales en la desembocadura de ciertos ríos y lagos, pueden resultar peligrosos para la navegación. Sin embargo, las bahías que quedan protegidas por estos «dedos de arena» disfrutan también de condiciones excepcionales de protección de la fiereza del mar, con débiles corrientes y, por lo común, un índice salinidad mayor que el océano circundante. De especial singularidad en el ámbito europeo es, por ejemplo, el largo cordón litoral, de más de 20 km de longitud, que separa la albufera del mar Menor del Mediterráneo que lo nutre en la comunidad autónoma española de Murcia. Este paraje, que alcanza una anchura máxima de 1,5 km, se conoce por el nombre de La Manga del Mar Menor y es hoy asiento de una lucrativa industria turística.

Huellas de animal sobre la arena de una duna.

La formación de dunas son producto de la acción del viento.

Desembocaduras de los ríos

La línea de costa, franja relativamente estrecha de terreno en la que se produce el encuentro de la tierra con el mar, cobra un renovado interés cuando la parte sólida se abre para dejar paso a corrientes de agua dulce que provienen del interior y vierten su contenido al océano. Los ríos, arroyos, torrentes y demás cauces interiores son las vías abiertas en la tierra firme por el agua caída en los continentes en forma de precipitaciones (lluvia, nieve, granizo) y acumulada en el suelo y el subsuelo hasta que emprende su camino hacia el mar empujada por la fuerza de la gravedad.

En este esfuerzo, los cauces fluviales trazan dibujos muy variados, a veces precipitándose a toda velocidad pendiente abajo, o incluso desplomándose al vacío en saltos y cascadas, y otras remansándose y recreándose en curvas y meandros mientras anegan los valles y los campos fértiles que encuentran a su paso. Este devenir aparentemente caprichoso tiene una justificación sencilla de entender: en todo momento el agua fluvial discurre hacia abajo, a zonas de menor altura, y en su trayecto va erosionando el terreno y la roca sobre los que viaja en pos de cumplir su destino final, la orilla del mar.

En los fríos tiempos de las glaciaciones del pasado no todos los ríos llevaban agua líquida. Algunos avanzaban entonces, con suma lentitud, hacia el borde del océano como lenguas de hielo que dejaron marcas perdurables en la orografía costera. Así, por ejemplo, desde las montañas de Alaska o las alturas de Noruega estos glaciares obraron valles muy profundos, en forma de U característica,

Los cauces fluviales trazan formas muy dispares en su camino hacia el mar.

Las desembocaduras de los ríos adoptan diversas formas en función de las características del terreno en el que se encuentran.

de los que hoy los fiordos y otras pendientes del litoral permanecen como bellos vestigios. Los rasgos del paisaje continental delatan asimismo cambios semejantes experimentados por el planeta en los tiempos pretéritos. Muchos valles fluviales parecen a primera vista desmedidos para el caudal del río que los cruza, y sólo cabe explicarlos como restos de condiciones climáticas y meteorológicas que hubieron de ser bastante diferentes en el pasado.

Algo similar puede decirse de las desembocaduras de los ríos, que en su llegada al mar han modelado formas y paisajes diferentes según las características del terreno y las fuerzas de los vientos, las aguas y las mareas. Las corrientes interiores más caudalosas del mundo, como las del Amazonas en América y el Congo en África, penetran literalmente en el mar conservando parte de su identidad «dulceacuícola» durante decenas o incluso centenares de kilómetros hasta mezclarse con el agua salina. En otros lugares, en cambio, el oleaje frena la salida del río, e incluso en ocasiones se atreve a penetrar en él.

En todo caso, el encuentro del agua dulce del río con la salobre del mar crea un entorno muy especial en el que se asientan ecosistemas de una extraordinaria riqueza. No en vano, las corrientes fluviales se encargan, desde las altas montañas donde nacen hasta los valles, mesetas y llanuras que atraviesan, de privar a la tierra sólida de numerosos minerales y nutrientes que, en último término, concluyen por verterse en el océano. Las características particulares del entorno y de los mismos materiales arrastrados condicionan la forma física que adoptará la desembocadura. Las más comunes son de dos tipos: deltas y estuarios, cuyos rasgos y propiedades distintivas se analizarán en los apartados siguientes.

A su vez, estos materiales de aporte fluvial alimentan a multitud de especies de plantas y animales y renuevan permanentemente la fisonomía de la costa. Numerosos estudios científicos han puesto de relieve la importancia del fenómeno en los ciclos físicos y biológicos del planeta. En las últimas décadas, sin embargo, los ríos aportan también al llegar a las costas una alta cantidad de contaminantes. Los residuos urbanos e industriales ligados a las actividades humanas envenenan los suelos marinos del litoral o, contrariamente, sobrealimentan a ciertas especies con un exceso de nutrientes (nitrógeno, fósforo y otros elementos que se usan con exceso en las explotaciones agrícolas y ganaderas, en un fenómeno denominado eutrofización). En este segundo caso, las especies favorecidas comienzan a comportarse como plagas y degradan, ellas también, el equilibrio de los ecosistemas costeros.

Todos estos hechos exigen una reflexión y el impulso de programas de protección de los ambientes litorales. El aumento de las sustancias contaminantes que llegan por los cauces de los ríos, añadidas a las vertidas directamente al mar por otros medios, viene a unirse a otros factores que, como la creciente presión demográfica y la prosperidad de la industria turística en las costas, suponen una amenaza para el entorno. Ante ello, las autoridades nacionales e internacionales han de extremar la vigilancia del cumplimiento de las leyes de protección de costas y afrontar, en caso necesario, nuevos planes reguladores que mejoren su estado y condiciones ambientales. Sólo así podrá garantizarse un desarrollo sostenible del que es uno de los entornos más privilegiados del planeta.

Deltas fluviales

Uno de los accidentes geográficos más comunes que define la llegada al mar de un río, cargado con sus depósitos de aluvión, es el delta. Se entiende éste como un depósito de tierra, arena y limo que se forma en el lugar en el que la corriente fluvial desemboca en el mar. El nombre, que corresponde también al de la cuarta letra del alfabeto griego, responde a la estructura peculiar que adquiere este depósito, en forma triangular que recuerda la grafía de la delta mayúscula (Δ). Al menos tal fue la imagen que se formó en su mente el historiador griego Herodoto, del siglo V a. C., el primero en usar el término, cuando contempló la desembocadura del Nilo en el mar Mediterráneo.

El delta es un accidente geográfico característico de la llegada de un río al mar.

Las dimensiones de los deltas están estrechamente relacionadas con las del río.

La superficie en triángulo de los deltas fluviales se debe a que la acumulación de sedimentos en la línea de desembocadura va bloqueando la salida del río, el grueso de cuyo caudal termina por abrirse camino al mar por los laterales, dejando en su interior una formación de islas de tierras arenosas. El cauce del río se abre así a modo de abanico y desagua al océano a través de numerosos canales secundarios, llamados distribuidores, que surcan los islotes de material sedimentario.

Evidentemente, el Nilo no es el único río que muestra estas características. Si bien la suya es ciertamente espectacular, las desembocaduras de varias de las principales corrientes fluviales del mundo siguen esta misma dinámica. Casos muy representativos son los del Mississippi, en el sur de Estados Unidos, o del Ganges y el Brahmaputra, en la India, que vierten sus aguas en el golfo de Bengala.

Los deltas de los ríos son lugares muy fértiles. Aunque comparten muchos de sus rasgos esenciales, también existen diferencias notables entre ellos en lo que se refiere a su origen, tamaño, estructura y composición. En ello influyen factores diversos, principalmente la configuración geológica del terreno, las condiciones climáticas, el tipo de material sedimentario arrastrado, la forma de la costa y la fuerza de las mareas y de las corrientes de litoral.

En términos generales, las dimensiones de un delta están relacionadas con el tamaño del río, ya que un mayor caudal aporta, normalmente, cantidades superiores de material de aluvión sedimentario. Por ejemplo, el del Mississippi, uno de los ríos más caudalosos del planeta, cubre una superficie de varios miles de kilómetros cuadrados. A su vez, en la definición de la silueta del delta intervienen varios factores complementarios, entre ellos el propio caudal y la anchura del río, pero también las condiciones del oleaje y las mareas en la costa. Aunque buena parte de las formaciones deltaicas exhiben una típica superficie triangular, algunas presentan formas alternativas.

De este modo, cuando domina el componente del río, más poderoso que las olas y las mareas locales, el delta suele adoptar estructuras irregulares, con un alto número de canales distribuidores. Así sucede en el mencionado delta del Mississippi. En cambio, si prevalecen los efectos marinos, las olas van limando constantemente el margen exterior del delta, redistribuyendo los materiales de depósito, y confieren a la formación un borde más nítido y definido. Tal es el caso, por ejemplo, de la desembocadura del río San Francisco, en Brasil, o del modelo que dio origen a la primera descripción de este accidente geográfico: el Nilo.

También existen deltas condicionados principalmente por las mareas. En tal situación, la fuerza de la bajamar arrastra los sedimentos mar adentro, limpiando así, aparentemente, la zona de la desembocadura. Sin embargo, a menudo estos depósitos se acumulan a cierta distancia de la costa, cuando encuentran un obstáculo en el relieve del fondo marino, para formar barras submarinas paralelas al litoral que pueden representar un serio peligro para la navegación.

En la estructura de un delta fluvial pueden distinguirse, por otra parte, tres zonas diferenciadas. En la zona interior, en dirección al continente, se extiende la llanura deltaica, que contiene los materiales de aluvión más gruesos y pesados. En dirección al mar, esta llanura se prolonga en el frente deltaico, la parte intermedia, que da paso a su vez al prodelta, región más externa de la desembocadura del río formada preferentemente por los materiales finos y expuesta a la acción de los elementos erosivos del mar.

Estuarios

No todos los ríos transportan suficiente cantidad de material de aluvión como para formar un delta en su desembocadura. Al contrario, en su mayoría se internan directamente en el mar a través de otro tipo de accidente geográfico que recibe el nombre de estuario. Las aguas interiores vertidas al océano se mezclan aquí con las marinas, que ocasionalmente penetran en la boca fluvial impulsadas por las mareas. De este modo, es la magnitud de la zona de transición donde se mezclan las aguas dulces y saladas la que define, en un estricto sentido científico, los límites de cada estuario, más que sus configuraciones geográficas en sí. Por tanto, con un enfoque amplio cabría calificar

Los estuarios son otro de los accidentes geográficos comunes en las desembocaduras de los ríos.

Los estuarios son lugares de gran abundancia faunística y vegetal.

de estuarios a formaciones como los fiordos noruegos o a algunas rías y bahías nacidas como prolongación de los cauces fluviales (por ejemplo, la de Chesapeake, en el este de América del norte).

Los entornos estuarinos actúan como focos de concentración de vida, ya que el encuentro de aguas de distinta salinidad propicia la formación de marismas y planicies lodosas que constituyen un magnífico hábitat biológico. El agua dulce es menos densa que la salada, con lo cual fluye inicialmente por las capas superiores en la desembocadura; a la vez, el líquido marino penetra en el estuario creando una contracorriente que es origen de turbulencias. Ambas masas de agua conllevan una importante cantidad de nutrientes, procedentes de tierra adentro las del río y acarreadas por las mareas las oceánicas (por ejemplo, plancton). Estos nutrientes se mezclan y acumulan en la región estuarina y promueven un extraordinario desarrollo de la vida.

La abundancia faunística y vegetal, y a menudo su atractivo emplazamiento geográfico, en puertos o ensenadas naturales donde los pueblos y los navíos se resguardaban de los embates del mar y de los vientos, también han supuesto un reclamo para el asentamiento de poblaciones humanas y el progreso de las civilizaciones. En torno a estuarios se han levantado ciudades que, con el tiempo, han pasado a erigirse en importantes centros de comercio y comunicación. Londres, en el estuario del Támesis; Hamburgo, en el del Elba; Burdeos, a orillas del Gironda, y Nueva York, en la desembocadura del Hudson, son sólo algunos ejemplos muy expresivos.

Morfológicamente, los estuarios tienen perfiles que recuerdan el corte longitudinal de un embudo. Aunque en su formación intervienen procesos geológicos bastante complejos, en líneas generales puede decirse que se forman en zonas del planeta en las que un hundimiento del terreno o una elevación del nivel del mar provocaron la inunda-

ción de la desembocadura de un río por las aguas del océano.

La historia geológica reciente de la Tierra explica en gran medida la abundancia de esta forma de desembocadura fluvial. En los tiempos de la última glaciación, del Pleistoceno, el nivel medio del océano se redujo al quedar atrapados ingentes volúmenes de agua en las masas de hielo de las regiones polares. El calentamiento posterior supuso un deshielo acelerado, que tuvo su reflejo en un aumento importante del nivel oceánico. Fue entonces cuando las aguas del mar ocuparon amplias franjas del litoral terrestre e inundaron buena parte de la desembocadura de los ríos.

No obstante, la evolución geológica de la mayoría de las costas ha seguido un proceso más complejo, con varios períodos sucesivos de hundimiento y elevación. Todavía en la actualidad, la naturaleza de las costas, clasificadas como de inmersión y emersión según experimenten un movimiento descendente o ascendente con respecto al mar, marca de un modo muy importante el destino de los entornos estuarinos. Todo ello, unido a la importancia ecológica y económica que distingue a estos lugares, ha llevado a iniciar un buen número de proyectos de investigación en todo el mundo para conocerlos mejor y proponer soluciones que ayuden a su conservación.

La riqueza de recursos del estuario le ha convertido en lugar propicio para el asentamiento humano.

Humedales en el litoral

Deltas y estuarios constituyen dos de los tipos más representativos de humedales costeros. Otras formas muy características son las rías, las marismas, las salinas, los marjales, las lagunas costeras y otros terrenos pantanosos al borde del mar. Todas estas áreas se definen de un modo genérico como ecosistemas en los que se produce un intenso contacto entre las aguas salobres del mar y las de origen continental que, transportadas desde el interior terrestre por corrientes fluviales, se acumulan en el suelo y el subsuelo cerca del litoral. Tal contacto se manifiesta geológicamente en los procesos recurrentes de regeneración y desgaste de los acuíferos asociados a la dinámica ambiental de los humedales.

Por su propia naturaleza de lugar de encuentro entre distintos medios, estos entornos exhiben propiedades muy especiales. Por una parte, poseen un alto grado de saturación de agua, que a menudo lleva a que sus suelos aparezcan encharcados o inundados. Además, dada su condición de hábitat particularmente ricos en nutrientes, ofrecen un refugio óptimo a numerosas variedades de plantas y animales. No es de extrañar, por tanto, que acumulen una importante cantidad de energía y materia orgánica, proveniente tanto del aporte energético del mar y las aguas interiores como de los ciclos vitales ligados a la hidrodinámica continental y a su abundancia de vida.

Sometidos por su carácter intrínseco a un régimen de cambio permanente, los humedales costeros demuestran así un elevado dinamismo y una rápida capacidad de adaptación, para convertirse en entornos en los que tiene lugar un ritmo acelerado de producción, alteración y reciclado de las sustancias naturales. Ocupan un papel muy relevante en el ciclo hidrológico de amplias regiones del planeta y, en otro sentido, ayudan además a fi-

Los humedales costeros juegan un papel muy relevante en los ciclos hidrológicos de muchas regiones del planeta.

jar y estabilizar el perfil de las costas al ofrecer un impedimento firme a la erosión externa. En ellos habita, como se ha indicado anteriormente, un elevado número de especies, algunas de forma permanente y otras con una estancia de carácter estacional o temporal. Sirven así, por ejemplo, de «guarderías» para los alevines de peces, antes de que puedan adentrarse en mar abierto una vez alcanzado el grado suficiente de crecimiento y maduración. También favorecen la nidificación y un refugio provisional a las aves migratorias, que aprovechan la abundancia de agua y alimento para hacer un alto en el camino que las llevará a sus destinos de invierno o de primavera.

Esta importancia ecológica, ampliamente reconocida en los círculos científicos y en las instituciones nacionales e internacionales de defensa de la naturaleza, no ha logrado sin embargo impedir que la presión de la actividad humana socave la continuidad de numerosos humedales costeros. El aumento demográfico de los últimos siglos ha propiciado un desequilibrio en la explotación de sus recursos, que ha llevado a diezmar hasta casi la desaparición una cantidad preocupante de zonas húmedas del litoral. La recolección de madera, por ejemplo, ha fomentado una reducción drástica de la extensión de los bosques de mangle en amplias regiones del trópico. La deforestación de los humedales, impulsada sobre todo por intereses agrícolas o turísticos, no ha hecho sino incrementarse en las últimas décadas.

Desde otro punto de vista, la riqueza biológica de los humedales costeros conlleva igualmente un riesgo higiénico-sanitario para las comunidades humanas asentadas en sus proximidades. La proliferación de vida que favorece sirve de alimento a una población de insectos y otros invertebrados que pueden actuar como vectores de microorganismos patógenos para el ser humano. Como consecuencia, amplias zonas de humedal costero han sido desecadas para combatir la presencia de mosquitos transmisores de males epidémicos tan temidos como el paludismo y el dengue, entre otros.

Tal conjunción de elementos dificulta ciertamente las labores de conservación de las tierras húmedas del litoral. Aun reconociendo su trascendencia para el mantenimiento de la biodiversidad y el fomento de un desarrollo humano sostenible, muchas autoridades nacionales o locales se ven enfrentadas a un dilema complejo: al tiempo que han de proteger estos ecosistemas de la sobreexplotación y los atentados ecológicos, se han comprometido a atender y defender los intereses eco-

Los humedales están dotados de una enorme riqueza biológica.

nómicos y sanitarios de las poblaciones humanas a las que representan. Ello no ha de obstar, sin embargo, para que se reconozca la urgencia de adoptar prontamente soluciones a la grave amenaza de empobrecimiento ambiental, con sus imprevisibles consecuencias socioeconómicas a medio y largo plazo, que supondría una pérdida sustancial de las extensiones de humedales costeros del planeta.

Marismas

Presentes de modo característico en tierras bajas mal drenadas en torno a las desembocaduras de los ríos en forma de estuario, las marismas surgen básicamente de un proceso físico de colmatación, es decir, de acumulación de sedimentos y materiales transportados por el agua en hondonadas o depresiones del terreno. Es común que este terreno siga una inclinación contraria a la dirección del mar, con lo que el agua salobre que lo invade arrastrada por la pleamar difícilmente es evacuada cuando la marea retrocede. El limo, la arena y la arcilla que transporta el mar en su penetración se mezclan con el suelo terrestre de turba. A la vez, la presión hidrodinámica ejercida por el agua marina se opone al avance del río hacia su desembocadura. Muy a menudo, las corrientes fluviales pierden fuerza en la marisma, dispersando su cauce y distribuyendo en la llanura costera una parte de su flujo, que deja de verterse directamente al mar. Como consecuencia, se crean grandes cenagales, extensiones de aguas someras estancadas de salinidad variable que son asiento de una vasta variedad de comunidades biológicas.

Morfológicamente, en las marismas se alternan las áreas inundadas de modo permanente con otras sumergidas sólo en los ciclos de marea alta.

Las marismas surgen fruto de la acumulación de sedimentos y materiales transportados por el agua.

En las marismas se alternan las zonas inundadas de forma permanente con otras sumergidas sólo en los ciclos de marea alta.

Sobre ellas emergen algunas terrazas a distintas alturas, entre las cuales se abren los canales por los que penetra la marea, en surcos tortuosos semejantes a los meandros de los ríos. Así, mientras las zonas de marisma más afectadas por el régimen diario de las mareas altas se encuentran bastante libres de vegetación, en las áreas inmediatamente superiores se favorece la proliferación de plantas halófitas (que toleran bien la sal), alrededor de las cuales se forja el germen del ecosistema típico de marisma. Sobre las especies halófitas crecen plantas herbáceas que se propagan hacia el interior formando praderas y, ya en los terrenos de inundación muy excepcional, aparecen arbustos y árboles como los sauces y los alisos. El progreso de la vegetación tierra adentro fomenta asimismo una diversidad de fauna de todo tipo, que comprende en distintas franjas de penetración poblaciones de invertebrados como cangrejos, ostras y camarones, pequeños peces, reptiles, mamíferos y aves, muchas de ellas de costumbres migratorias.

De modo un tanto sorprendente, se ha descubierto que la cantidad de materia vegetal que es ingerida directamente por los animales en las marismas es bastante baja en términos globales. Al contrario, la mayoría de las plantas que las habitan cubren por completo su ciclo de vida, al cabo del cual experimentan un proceso de descomposición que las va fragmentando hasta que quedan suspendidas a modo de detrito en las aguas superficiales. Antiguos estudios realizados sobre la dinámica biofísica de estos ecosistemas llegaron a sugerir que las mareas atrapaban estas sustancias en su inundación cíclica del terreno para después, durante la bajamar, transportarlas al océano en donde servían de nutrimento a las especies marinas del litoral. Ante la ausencia de evidencias científicas definitivas que avalaran esta teoría, desde un enfoque más actual se ha propuesto que la materia «muerta» permanece en la marisma, de manera que la descomposición vegetal es acelerada por la acción de las colonias de bacterias y otros microorganismos en una labor de reciclado que permite una reactivación recurrente de la cadena trófica.

En el transcurso de los siglos, el ser humano no se ha mostrado ni mucho menos insensible a las oportunidades de progreso que encuentra en las marismas del litoral. Desde muy antiguo, los pueblos que habitaban las costas han dispuesto diques y canales sobre estas extensiones acuáticas para dominarlas en su provecho. Con la construcción de diques perseguían fundamentalmente proteger estos suelos de la entrada del mar, de manera que pudieran convertirse en aptos para la agricultura y la ganadería. Un caso emblemático de esta iniciativa es el de extensas áreas del litoral de los Países Bajos, donde los terrenos desecados, denominados pólders, se encuentran entre las más fértiles de la Europa occidental. A menor escala, es destacable igualmente el caso de la Albufera de Valencia, un humedal de gran valor que ha sido aprovechado históricamente en labores de pesca y agricultura.

También es común en la historia de la humanidad que las marismas se reserven a terrenos de pasto para el ganado. Así sucede, por ejemplo, en amplias extensiones de las marismas del Guadalquivir, en las provincias españolas de Sevilla y Huelva, donde se encuentra una de las reservas naturales mejor conservadas de Europa: el parque de Doñana. El uso de las marismas como pastizales tiene reflejo en el tipo de especies herbáceas con las que se han repoblado. Otro uso frecuente de las marismas es la explotación en forma de salinas, sobre todo en lugares áridos y de escasa profundidad donde el agua salobre experimenta un alto ritmo de evaporación.

Rías

De distinta naturaleza, aunque bastante relacionadas con las marismas, las rías se definen como entrantes del mar en la costa, a modo de «valles» marinos que adoptan una forma característica de V, dado que al adentrarse hacia el interior la ría pierde anchura y profundidad. Estos rasgos orográficos aparecen en costas de inmersión, donde el mar ha ocupado un valle fluvial de paredes más o menos escarpadas, de manera que la trayectoria de la ría es sustancialmente sinuosa y, por lo general, bastante protegida del oleaje.

Las marismas del río Guadalquivir albergan una de las reservas naturales más importantes de Europa: el parque de Doñana.

Las aguas de las rías se caracterizan por su condición tranquila.

Se han propuesto dos orígenes posibles para las rías. El primero presupone un hundimiento local del terreno primigenio donde existía un valle fluvial cerca de la costa. Ejemplos de este tipo serían las rías de Galicia (Vigo, Pontevedra, Arousa, Muros, etc., que se distribuyen geográficamente en Rías Altas y Rías Bajas), en el noroeste de la costa española, y también las de la isla de Irlanda. Otro origen posible de las rías se atribuye al deshielo de los casquetes glaciares que siguió al último período glacial del Pleistoceno. Tal deshielo auspició un aumento notable del nivel medio de los océanos, de manera que muchos valles de ríos quedaron virtualmente anegados por las aguas salobres. Por ello es frecuente asociar el fenómeno de ría a la presencia de un estuario marino. Aunque el paisaje de ría recuerda al de los fiordos (por ejemplo, en Noruega y Alaska), estos últimos difieren en que proceden, ciertamente, del deshielo posterior a la glaciación del Cuaternario, pero desde glaciares (ríos de hielo) que vertían directamente al mar.

Las condiciones de aguas tranquilas que bañan las rías hacen de éstas lugares idóneos para la piscicultura. En las rías gallegas, por ejemplo, esta actividad, que consiste en esencia en el cultivo intensivo de diversas especies de peces y mariscos en áreas confinadas como piscinas artificiales, jaulas marinas o tanques, cobra gran importancia económica. Las especiales condiciones de estos humedales ofrecen al ser humano un medio rentable de aprovechamiento de los recursos naturales que se ve amenazado, una vez más, por la contaminación originada por la actividad humana. Baste recordar el desastre ecológico provocado por el hundimiento a mediados de noviembre de 2002, frente a las costas de Galicia, del petrolero Prestige, cargado con varios miles de toneladas de fuel petrolífero de mínima pureza. Las consecuencias negativas para la vida marina en el mar gallego se extendieron igualmente a sus rías donde el vertido, al penetrar en sus aguas remansadas, contaminó las piscifactorías y provocó un grave perjuicio a los cultivadores de mariscos.

Las condiciones ambientales de las rías permiten al ser humano el aprovechamiento de los recursos naturales que en ellas se encuentran.

Ecosistemas litorales

A lo largo de este texto se ha venido subrayando la importancia de los ecosistemas litorales como vivero de la biodiversidad de especies y como fuente de recursos naturales, tanto para el desarrollo de la propia vida como para el progreso de las sociedades humanas. En las regiones costeras se suceden algunos de los fenómenos más intensos de intercambio de materia y energía que alimentan la vida y la abundancia de recursos. Desde el interior terrestre, las cuencas hidrográficas desembocan al cabo en su destino en los océanos, a los que rinden homenaje pagándoles un tributo en materiales de aluvión extraídos de los suelos y subsuelos por los que ha circulado su maraña de ríos y afluentes anexos. Al mismo tiempo, las olas que arriban al litoral empujadas por los vientos, las corrientes oceánicas y las mareas contribuyen con su propia aportación de nutrientes y energía, a la vez que ayudan a renovar el perfil litoral con su fuerza erosiva.

Como consecuencia de lo anterior, la zona marina limítrofe con la tierra alberga la mayor riqueza de alimento y, como resulta explicable, también de formas de vida vegetales y animales. La tierra firme de la costa se ve distinguida asimismo con los dones de la naturaleza, y en ella proliferan espacios particularmente pródigos en recursos. Marismas, deltas, estuarios, rías angostas, lagunas costeras y tierras pantanosas, salobres o dulceacuícolas, a menudo desecadas y convertidas en fértiles campos de cultivo, se suceden en un viaje a vista de pájaro por numerosas costas del mundo.

La zona marina próxima a la costa es la más prolífica en vida vegetal y animal.

El ser humano ha encontrado en las regiones costeras un lugar apto para su asentamiento.

El ser humano ha encontrado en las regiones litorales un hábitat especialmente apto para su desarrollo y pervivencia como especie. Igualmente, otros muchos organismos vivos han evolucionado hasta adaptarse de forma sorprendente a las condiciones salinas, móviles y altamente erosivas de tales zonas. En ellas existen, en definitiva, varios de los ecosistemas tipo más importantes del mundo, algunos ubicados en el propio litoral y otros próximos, en el dominio submarino o a escasa distancia de la tierra firme. Manglares, arrecifes coralinos, llanuras de marea y praderas submarinas sólo pueden subsistir, con su nutrida y valiosa carga ecológica, allí donde las aguas son relativamente someras y existen las condiciones necesarias para su sostenimiento. Amenazados en muchas ocasiones por la creciente contaminación y los estragos ya perceptibles del cambio climático, en estos ecosistemas se siguen perpetuando muchos de los procesos más activos, ricos y sorprendentes que están relacionados con la existencia de vida en la Tierra.

Costas de arrecifes de coral

En otros lugares de esta obra se habla extensamente acerca de las características distintivas, los problemas de pervivencia y los planes de protección de los arrecifes de coral. Estos ecosistemas, propios de las regiones tropicales de todo el mundo, semejan inicialmente desde la superficie del mar, a la vista de los barcos que surcan las aguas del trópico, rocas parcialmente sumergidas que dificultan la navegación. Sin embargo, en realidad no están formados por materiales inertes, como sucede con los arrecifes rocosos próximos al litoral, sino que son construcciones biogénicas, erigidas por seres vivos llamados corales, cuyo esqueleto calcáreo se va acumulando en inmensas y caprichosas moles habitadas por otros muchos organismos.

La edificación coralina es posible únicamente merced a la acción combinada de varios organismos colaboradores. El coral, una especie animal de vivos colores perteneciente al grupo de los cnidarios, es su «arquitecto» y, a la vez, su materia prima. Sin embargo, la pervivencia de sus especímenes sería inviable sin la colaboración de unas algas unicelulares, llamadas zooxanthellas, que se encargan de la función clorofílica (esencial para la renovación de los recursos y nutrientes del ecosistema) y que son responsables de la coloración del arrecife. Moluscos, peces, erizos y estrellas de mar, holoturias y otros muchos animales y plantas encuentran además en este entorno el lugar ideal para su proliferación. Esta abundancia de alimento atrae a múltiples clases de depredadores, algunos de gran tamaño, y también al conjunto de microorganismos que se encargan del reciclado de la materia muerta que se va acumulando en el ecosistema. En conjunto, todos estos seres dan vida a un entorno consolidado e interdependiente de gran belleza y espectacularidad.

En su incesante crecimiento, las poblaciones arrecifales pueden llegar a construir verdaderas islas «rocosas», en las que se sustentan incluso poblaciones humanas. Las más características son los atolones, a modo de barreras anulares que abundan sobre todo en el cinturón de archipiélagos del Pacífico central.

Dado el aspecto aparentemente inerte que distingue a las formaciones coralinas externas, no fue fácil el reconocimiento de la naturaleza biológica, primero, y animal, después, de los corales. Hoy no cabe duda acerca de su adscripción taxonómica entre los animales. Sin embargo, desde una visión puramente morfológica, estos arrecifes parecen seguir las pautas de los frentes rocosos inertes. Desarrollados a distancias relativamente escasas de la tierra firme, ofrecen una cara orientada al mar que posee una acusada pendiente (en torno a 45°) a veces de varios centenares de metros. En su parte superior, esta pendiente culmina en una cresta que actúa como elemento de protección frente a las olas, dotada de profundos túneles y entalladuras por los que se comunican el agua marina exterior y la interior del arrecife. Finalmente, en la zona interior se prolonga un área más llana donde se acumulan esqueletos de corales muertos y grandes bloques desgajados por la acción de las tormentas y los temporales. No es infrecuente tampoco que la estructura coralina se acompañe, en la zona protegida del viento, de emersiones arenosas cubiertas de dunas y pobladas de vegetación (palmerales de cocoteros, mangles, etc.).

Para su desarrollo, los corales precisan unas condiciones ambientales muy estrictas. Salvo casos

Las formaciones coralinas son ecosistemas propios de las regiones tropicales de todo el mundo.

Los corales necesitan para su desarrollo unas condiciones ambientales muy especiales.

excepcionales, no sobreviven a menos de 16 °C, y la temperatura ideal del agua se ha fijado para ellos entre 20 y 30 °C. Por otra parte, requieren una salinidad mínima, superior al 27 por mil, lo que explica que no se encuentren formaciones de madréporas en las proximidades de la desembocadura de los ríos, donde el agua fluvial aportada reduce el contenido relativo en sal. La alteración de estas condiciones supone el rápido deterioro, retroceso y, a menudo, desaparición de las construcciones coralinas. Tal fenómeno se está advirtiendo en amplias zonas de coral del trópico, en un hecho que es visto con seria preocupación. Muchos expertos consideran irreversible la pérdida de arrecifes de coral en todo el mundo, al advertir de las dificultades de revertir los efectos de la contaminación y el calentamiento global que los afecta. Tal pérdida supondría la desaparición de uno de los ecosistemas más ricos y poblados, así como de la mayoría de sus especies endémicas.

Bosques de mangle y praderas submarinas

No es éste el lugar elegido para exponer con amplitud las características y rasgos distintivos de los manglares y las praderas submarinas, los otros dos ecosistemas litorales del trópico que, junto con los arrecifes de coral, acogen buena parte de su diversidad de vida junto al mar. En otras secciones de la obra se abordan en profundidad sus propiedades, las especies que los habitan, su evolución, así como los graves riesgos que amenazan su continuidad.

Sin embargo, conviene recordar su importancia para la conformación y el dinamismo de los ambientes litorales. En las zonas de manglar, la costa tropical se ve cubierta cíclicamente por las aguas de la marea. Estas áreas boscosas en las que prolifera el árbol del mangle, que rara vez superan los 10 o 15 m de altura, dan cobijo a un ecosistema de gran riqueza, con plantas que enraízan en zonas salobres encharcadas y una sucesión de extraños animales, vertebrados e invertebrados, algunos de los cuales son exclusivos de este entorno. La extensión de los ecosistemas de manglar, que en los inicios del siglo XXI cubrían una zona superior a los 16 millones de hectáreas en todo el mundo, ha iniciado un rápido retroceso acuciada por la presión humana, que ha sobreexplotado sus recursos de madera y destruido grandes superficies de mangle por intereses agropecuarios y turísticos.

Como no podía ser de otra forma, los manglares son áreas de transición entre la tierra y el mar que no sólo ofrecen abrigo a un variado ecosistema, sino que también actúan como elementos de protección de las costas frente a la erosión de las mareas y el oleaje y a la acción de las violentas tormentas tropicales. Por ello es tan importante mantener su integridad, o al menos detener su deterioro creciente.

Situados cerca de las desembocaduras de los ríos, en deltas o sistemas estuarinos inundables por aguas salobres de forma perenne o estacional, albergan ejemplares de un número considerable de especies amenazadas, como son el manatí, el ibis escarlata, el caimán de la costa y diversos tipos de tortugas marinas. Esponjas, crustáceos, moluscos y algas medran en sus aguas someras, e invertebrados como la ostra y el cangrejo de mangle adquieren gran relevancia para las poblaciones humanas que viven en sus proximidades. Reptiles, mamíferos y aves, muchos de forma permanente y otros ocasional (durante ciertos intervalos de su ciclo de vida) o estacional (en particular, las aves migratorias), completan el cuadro biológico de este ecosistema.

En el mismo sentido, las praderas submarinas, muy ligadas al desarrollo de manglares y arrecifes de coral, son ecosistemas de gran interés en las regiones del trópico extendidos en el suelo marino. Entre su nutrida vegetación de plantas se ocultan invertebrados y peces que aprovechan este ambiente propicio para la cría y la reproducción. Estos parajes submarinos prosperan cerca de la costa, en lugares con altas cantidades de nutrientes, luz solar y buena temperatura. Y, de nuevo, la cercanía al litoral actúa como una amenaza para su continuidad, por motivos relacionados con la actividad humana y la contaminación que ella genera. En las praderas submarinas cobra especial relevancia el fenómeno de la eutrofización, exceso

Los manglares representan uno de los ecosistemas característicos de las zonas tropicales.

Las llanuras de marea son sistemas físico-biológicos que se forman junto a la desembocadura de los ríos.

de nutrientes nitrogenados y de otros tipos que llegan al mar arrastrados por los ríos desde las explotaciones agrícolas (abonos) y ganaderas (purinas). Tales nutrientes favorecen la eclosión de plagas vegetales y animales que ponen en riesgo el equilibrio del ecosistema.

Llanuras de marea

En este breve repaso sobre los sistemas físico-biológicos propios de los litorales de todo el mundo no debe olvidarse la formación conocida genéricamente por el nombre de llanura de marea. Esta llanura se define como la franja de litoral próxima a la desembocadura de un río que queda alternativamente cubierta por las mareas y expuesta a la atmósfera, en el círculo permanente de pleamares y bajamares del océano. Formada, por tanto, por sedimentos no consolidados que son continuamente removidos por las olas, en ellas cabe distinguir tres ambientes básicos: supramarea, por encima de los límites superiores de la marea alta; intermarea, entre la pleamar y la bajamar, e inframarea, por debajo del umbral de la marea baja.

El fango salobre de las llanuras de marea acoge un ecosistema muy particular. En su interior, numerosas bacterias y microorganismos descomponen la materia orgánica arrastrada por las corrientes fluviales y las propias mareas y favorecen la proliferación de plancton que se alimenta de estos nutrientes. Otros invertebrados de mayor tamaño, en particular gusanos, cangrejos, moluscos y pequeños peces, acuden a estos suelos fangosos para buscar comida, y peces mayores, aves marinas y mamíferos los persiguen para procurarse su propio alimento. Por el contrario, la vegetación es escasa, constituida en condiciones favorables por algas azules y verde-azules.

En este entorno, el ser humano ha encontrado desde antiguo recursos para su alimentación y supervivencia. Nuevamente, se trata de un ecosistema vulnerable a los cambios ambientales inducidos por la actividad humana. La contaminación de los ríos daña gravemente el equilibrio ecológico del mismo, como también la construcción de diques y otros elementos de contención costera que anulan el efecto de las mareas, las presas levantadas en el marco de plantas de energía maremotriz y, en definitiva, cualquier obra artificial que quiebre de modo perdurable el secular equilibrio de la naturaleza. Huelga decir que tales problemas suponen un reto que obliga a actuar a favor del mantenimiento de la diversidad biológica del planeta.

Las llanuras de marea son ecosistemas que pueden llegar a ser muy vulnerables ante los cambios ambientales ocasionados por el hombre.

SECCIÓN II

FLORA Y FAUNA EN EL LITORAL

DISTRIBUCIÓN DE LAS COMUNIDADES LITORALES

EL ECOSISTEMA ESTUARINO

LA VIDA EN EL ACANTILADO

AVES MARINAS EN LAS LLANURAS COSTERAS

LOS INVERTEBRADOS DE LITORAL:
JUGANDO CON LAS MAREAS

LOS PECES DEL LITORAL

REPTILES Y MAMÍFEROS EN LAS COSTAS

FLORA EN LAS COSTAS

DISTRIBUCIÓN DE LAS COMUNIDADES LITORALES

Las condiciones de intenso intercambio de materia y energía que rigen sobre la evolución de las costas de todo el mundo definen un marco excelente para el desarrollo de un sinnúmero de formas de vida. La proximidad de las masas continentales y, en particular, de las desembocaduras de los ríos y otras corrientes, actúa como un sistema fecundo de aportación de nutrientes minerales que, arrancados tierra adentro, se depositan y acumulan en las regiones del litoral para impulsar desde la base una rica cadena trófica en la que participan animales, plantas y diversas familias de microorganismos.

Además, la profundidad relativamente escasa de la plataforma continental sumergida anexa a las costas propicia la entrada en su interior de cantidades suficientes de luz solar para garantizar los procesos de fotosíntesis, igualmente esenciales para el triunfo de la biodiversidad. Luz y alimento se conjugan así como elementos complementarios sobre los que se sustenta el desarrollo biológico en las zonas limítrofes entre la tierra y el mar.

No obstante, las distintas condiciones ambientales que se superponen en las costas motivan la existencia de una sucesión de subecosistemas cuyos integrantes biológicos buscan las mejores situaciones para su supervivencia. Así, por ejemplo, los seres habituados a las zonas intermareales que quedan recurrentemente expuestas al aire atmosférico poseen mecanismos internos que les protegen de perecer por deshidratación. Otros, en cambio, se adentran en aguas más profundas para guarecerse en las paredes de los arrecifes rocosos o coralinos, o entre las acogedoras extensiones de

El duro entorno de los litorales rocosos sólo es superado por determinadas especies.

Las condiciones de vida varían considerablemente según el tipo de costa en el que se desarrollen.

plantas submarinas que recubren ciertos fondos costeros.

Existen especies particularmente adaptadas al duro entorno de los litorales rocosos batidos por las olas, donde entablan luchas titánicas por la vida contra la fuerza de los elementos físicos. A primera vista, las costas arenosas parecen ofrecer mejores oportunidades para un desarrollo tranquilo, si bien a veces planea sobre sus habitantes el riesgo permanente de la pérdida de humedad que los llevaría a la muerte. Singulares son también las extensiones acuáticas más próximas a las desembocaduras fluviales de tipo estuario, donde aguas salobres y dulces se entremezclan en proporciones variables y sirven comúnmente de asiento a una extensa comunidad litoral.

Para describir esta multiplicidad de escenarios, los oceanógrafos se inspiran fundamentalmente en un concepto denominado «zonación costera». Desde antiguo se ha venido observando que las distintas especies de animales y vegetales se distribuyen en las costas sobre bandas o franjas que discurren de modo más o menos paralelo a la costa. Tradicionalmente se pensaba que esta peculiar disposición respondía sobre todo al efecto de las mareas, de manera que los organismos más sensibles a la desecación buscarían áreas permanentemente sumergidas, mientras que otros más resistentes a la exposición atmosférica podrían ocupar las zonas «superiores» dentro del mar costero.

Hoy se sabe que las cosas no son tan sencillas. Cierto es que las mareas tienen un papel determinante en la flora y la fauna de las extensiones sumergidas aledañas a las costas. Pero factores físicos, químicos y biológicos combinados intervienen también, de forma compleja, en la definición de los límites de las zonas de litoral y en la distribución de los ecotonos, o fronteras naturales entre los ecosistemas costeros donde viven especies propias de particular interés y riqueza biológica. Los esfuerzos de los científicos se han dedicado, en consecuencia, a buscar modelos de aplicación universal que puedan servir para describir con claridad los tipos

y características de las diferentes franjas de este fenómeno de zonación.

Condicionantes ambientales de la zonación costera

No parece necesario insistir demasiado en que las condiciones para el desarrollo de la vida en el litoral difieren notoriamente en las áreas situadas por encima y por debajo del nivel de las mareas. En la denominada zona supralitoral, en contacto con el aire atmosférico, existe un alto grado de evaporación y una mayor acumulación relativa de sal sobre las rocas y la arena barrida por las olas. Esta zona contiene altos índices de humedad y se encuentra salpicada sin descanso por gotas de agua muy finas que resultan determinantes para la configuración de su fauna y su flora.

En cambio, la zona sublitoral o infralitoral, permanentemente sumergida, disfrutará de diferentes condiciones de luz y temperatura según varíe la penetración hacia el fondo. En este hábitat, el contenido en materiales disueltos en las aguas también disminuye con la profundidad, lo que hace especialmente suculentas las extensiones acuáticas más someras. Finalmente, cuando las mareas y oleajes son débiles, entre los dos límites anteriores se interpone una zona intermedia, denominada mediolitoral (o mesolitoral), que a efectos prácticos actúa como área de interfaz o transición entre las otras dos.

Dentro de este marco general, en los entornos costeros las condiciones de vida son marcadamente diferentes en el litoral de roca, fangoso o arenoso. El primero, aparentemente más agreste y duro por asociarse a menudo con abruptos acantilados o promontorios abiertos batidos por las olas, acoge sin embargo a una amplia variedad de especies vivas. También lo hacen las costas arenosas, si bien en este caso la movilidad de un sustrato cuya estructura y composición se alteran continuamente por el flujo del oleaje lleva a una menor extensión de la biodiversidad. A su vez, el fango acumulado en espacios próximos a rías y estuarios es escenario de una peculiar superposición de especies que aprovechan la abundancia de materiales en suspensión que inundan sus aguas enturbiadas.

Ambiente físico en las costas rocosas. En la distribución zonal de las costas rocosas participan de forma conjunta varios factores físi-

Las mareas desempeñan un importante papel en el tipo de fauna y vegetación de las costas.

cos confluyentes. Uno de ellos es la altura de las mareas, que oscilan en su doble movimiento diario entre los límites extremos de la pleamar y la bajamar. Los organismos que viven en la zona superior de la costa tan sólo quedan sumergidos por las aguas en los momentos de mareas vivas y, análogamente, los que se sitúan en la zona supralitoral inferior apenas se ven expuestos a la desecación un par de veces al mes. Por su parte, los seres que pueblan las áreas comprendidas entre ambos extremos han de estar preparados para una existencia mixta: unas diez o doce horas diarias de inmersión y otras tantas de desecación, a veces bajo un sol intenso y con acometidas impetuosas de brisas ocasionalmente intensas y de los fuertes vientos al borde del mar.

A veces, las condiciones atmosféricas variables introducen cambios inesperados en los patrones regulares de las mareas, lo que puede provocar períodos más largos de inmersión o desecación ante los cuales los organismos afectados pueden manifestar reacciones de estrés. El riesgo de deshidratarse, uno de los problemas más graves a que se enfrentan, ha sido combatido mediante mecanismos biológicos diversos, algunos de ellos ciertamente originales. Uno de los más frecuentes es la extensión sobre la superficie del animal de una cubierta mucosa que sirve para prevenir la temida pérdida de agua en el organismo. Tal solución ha sido adoptada, por ejemplo, por la variedad de anémona coloquialmente conocida como «tomate de mar», un cnidario de 4 a 6 cm de anchura al que es muy común ver sujeto a las rocas y grietas de las zonas de marea.

Los bígaros, por su parte, han desarrollado una estrategia alternativa, que comparten con otras especies de moluscos. Estos diminutos animales de color pardo o azulado y apenas unos milímetros de tamaño han aprendido a vivir en las rocas superiores del litoral, inmersos en las zonas de salpicadura, provistos de un opérculo que les permite cerrar la abertura de la concha y mitigar la pérdida de agua. En su mismo entorno las lapas, que se adhieren a las rocas con una fuerza más que notable que hace difícil desprenderlas sin ayuda de herramientas, han encontrado una solución ingeniosa y útil al problema de la deshidratación. Cuando la bajada de las mareas las deja expuestas al aire, quedan protegidas porque el borde de su concha cónica encaja en la superficie rocosa con tal perfección que en las oquedades se embalsan pequeñas cantidades de agua, de las que se sirve el molusco para apenas sufrir los efectos de la desecación.

Las condiciones atmosféricas pueden introducir cambios inesperados en los patrones regulares de las mareas.

Esta conducta adaptativa explica que las lapas que habitan en las zonas rocosas altas tengan conchas más elevadas y mayor actividad en su musculatura que las que se distribuyen por las charcas intermareales formadas en las depresiones del litoral. Precisamente estas charcas, así como las grietas inundadas que habitualmente dejan las mareas al retirarse, se erigen en refugios improvisados de los organismos que intentan huir de la amenaza de la pérdida de sus líquidos corporales ante la acción despiadada del sol y de los vientos.

La alternancia de los períodos de inmersión y emersión suscita igualmente diferencias notables en la temperatura ambiental en la que medran los habitantes de los ecosistemas litorales. Las aguas costeras mantienen, por lo general, unos valores térmicos uniformes, a los cuales se acostumbran los organismos en el tiempo de inmersión. En cambio, con la retirada de la marea, los pobladores de las zonas intermareales se ven sometidos a las variaciones acusadas de la temperatura atmosférica, que será más alta que la marina en verano y menor, a veces con diferencias notables, en el tiempo invernal.

Los flujos y reflujos de marea conllevan de este modo cambios térmicos potencialmente importantes que exigen una respuesta adaptativa de los organismos del litoral. La absorción de los rayos solares en época de estío o los riesgos de congelación al aire libre en pleno invierno son amenazas nada desdeñables que explican por qué en las zonas rocosas de las costas algunas vertientes aparecen más pobladas que otras, según su exposición al sol o a la sombra. Se han medido disfunciones notorias en numerosos moluscos que viven fijos a estas rocas cuando su temperatura corporal empieza a rondar los 30 °C. Sin embargo, también se han descrito algunos casos, como el del bígaro común, en los que se soportan sin problemas valores térmicos considerablemente superiores. Sea como fuere, también estos pequeños animales reciben con agrado la llegada cíclica de las aguas de las mareas que, al refrescar su cuerpo, impulsan en ellos una fase biológica de renovada actividad.

Un elemento físico más que es preciso analizar cuando se valoran las condiciones ambientales en que progresa la vida en los entornos costeros es la exposición al viento y al oleaje. La acción del viento, particularmente intensa cuando la costa está desprotegida y de cara a su embate, puede llegar a enmascarar el efecto mismo de las mareas, con crecidas forzadas de las aguas en momentos de temporal que mueven olas superiores a las mareales propiamente dichas.

La exposición al oleaje varía así de modo sustancial entre las denominadas zonas abiertas o «expuestas», y las protegidas o abrigadas. Entre ambas se sitúan las costas semiexpuestas, de características intermedias entre las dos anteriores. Como ejemplo arquetípico de litoral expuesto se suelen citar los acantilados, en los que las duras condiciones ambientales quedan reflejadas en las «heridas» que muestran las rocas de los farallones y las paredes en vertical. Allí se ha recurrido a la observación del liquen negro, situado en la franja superior de la costa, como medio para conocer la intensidad de la exposición.

El predominio de la presencia de liquen negro en la zona supralitoral, unida a una franja de la especie de mejillón de roca, que elige lugares donde

Los percebes están perfectamente adaptados a la vida en las rocas superiores del litoral.

Las costas arenosas presentan unas condiciones ambientales para sus habitantes que no distan mucho de las rocosas.

Diversos factores físicos confluyen en la constitución de los litorales rocosos.

existe una alta concentración de nutrientes en suspensión, es indicio de una costa expuesta. En cambio, si este liquen se restringe a bandas estrechas sobre la marea, y por debajo abunda el alga *Ascophyllum*, u organismos de otras especies semejantes, las condiciones serán abrigadas. Por su parte, los crustáceos balaniformes, como la conocida bellota de mar, prosperan bien en ambos tipos de ambientes rocosos.

LAS COSTAS ARENOSAS. En esencia, las condiciones ambientales que han de afrontar los organismos que prefieren las costas arenosas para desarrollarse no difieren en exceso de aquellas en que se desenvuelven los animales y plantas de los entornos rocosos. Los riesgos pueden ser comparables, principalmente relacionados con la desecación, los cambios de temperatura y la exposición al oleaje. Diríase, acaso, que en estas dos clases de hábitat se adoptan distintas estrategias adaptativas ante retos ambientales como los que plantea la sequedad repetida y cíclica entre los límites de las mareas.

Se ha afirmado que, ante el riesgo de deshidratarse, mientras los organismos de roca han aprendido a resistir la desecación, los de arena simplemente la evitan. Así, eligen enterrarse en el sedimento, con lo que mantienen unos índices de humedad suficientes para no sufrir un estrés potencialmente letal. No obstante, la ausencia de un sustrato firme e inmóvil sobre el que poder sustentarse hace que el número de organismos inmersos en los sedimentos arenosos sea inferior, por regla general, al de los que se desarrollan en las rocas costeras.

Las plantas apenas encuentran dónde asirse, por lo que más bien escasean. Las que han encontrado medios de supervivencia en este entorno están provistas por lo general de gruesas cutículas impermeables que las protegen de la recurrente sequedad ambiental. Orugas marítimas, arenarias y otras especies emparentadas se encuentran entre las más abundantes.

A su vez, los animales se enfrentan a problemas para satisfacer sus demandas de oxígeno y nutrientes, y en los períodos de marea alta encuentran incluso dificultades para localizar a sus posibles parejas reproductivas. Crustáceos, equinodermos y gusanos poliquetos son algunos de los más habituales.

Estos últimos han desarrollado especiales aptitudes para enterrarse en la arena y evitar la sequedad de las bajamares. Para ello están dotados de un singular conjunto de musculatura que les permite adherirse al sedimento a la vez que excavan en la arena ayudados con los dientes cónicos de su faringe. La arena cavada se retira con un movimiento de evaginación (saliente en hueco) de la propia faringe. Los gusanos poliquetos de las costas prefieren sobre todo arenas limpias y gruesas, más fáciles de horadar para la constitución de su cuerpo.

Varios moluscos sedimentívoros (que se alimentan de sedimentos, además de pequeñas plantas y animales) han dado igualmente en elaborar técnicas de ocultación y enterramiento altamente eficaces. Algunos berberechos, encuadrados entre los animales marinos provistos de dos valvas (bivalvos), poseen órganos de sifón con los que succionan el sustrato del que se nutren. Excavan la arena con el pie musculoso rematado en punta que les sirve de medio de locomoción.

Las pulgas de mar y otros anfípodos, junto con diversas especies de cangrejos, son algunos de los crustáceos que moran de modo habitual en los entornos litorales arenosos. También ellos son excavadores natos que buscan refugio en la arena húmeda para protegerse del calor y la sequedad. Antenas, pinzas y cualquier otro órgano articulado pueden servir de excelente herramienta para este importante fin.

Por último, animales equinodermos como los erizos y las estrellas de mar recurren a las partes espinosas de sus cuerpos para, accionándolas a modo de espátula, adentrarse en el interior de las acogedoras arenas de las playas. Tal es el procedimiento que han elegido a lo largo de su historia evolutiva para sobrevivir en un ambiente donde el tamaño del sedimento, el grado de limpieza del sustrato, los mecanismos de transporte de los fondos de arena y el delicado equilibrio entre el contenido de aire, agua y materia orgánica definen unos condicionantes físicos externos que varían continuamente a merced de los ciclos del viento, el oleaje y las mareas.

Las plantas no suelen ser muy habituales en el paisaje de las costas arenosas.

El ecosistema estuarino

Las magníficas condiciones biológicas que caracterizan las zonas de litoral donde se encuentran las aguas continentales con las salobres del océano han sido objeto de extensos estudios y trabajos de investigación científica. En estas áreas, las corrientes fluviales se ensanchan, remansadas al contacto con el mar, y describen meandros y curvas que anegan superficies a menudo de gran extensión donde se forman marismas y humedales pantanosos. La fuerza del océano lleva incluso a sus aguas a penetrar ocasionalmente tierra adentro durante las pleamares, de manera que los índices de salinidad en las cercanías de los estuarios son muy variables y delimitan, por medio de «fronteras líquidas», áreas de zonación claramente visibles por las distribuciones de plantas, animales y otros organismos que las habitan en gran número.

La cabecera de los estuarios suele distinguirse así por sus índices mínimos de contenido en sales, que van incrementándose hasta alcanzar un máximo en la boca o encuentro de la corriente con el mar. Este gradiente de salinidad oscila desde apenas 0,5 partes por millar propias del agua dulce hasta las 35 partes por mil que tiene el océano como promedio. Cuando las condiciones de evaporación ambiental son intensas y las aguas alcanzan escasa profundidad, algunas zonas de estuario pueden convertirse incluso en hipersalinas, con índices superiores a los expresados.

Otra cualidad común a los estuarios es la presencia de cantidades abundantes de sedimentos, arrastradas por el cauce fluvial desde el interior del continente. Tal circunstancia define dos de las características habituales de estos ecosistemas: la ri-

El ecosistema estuarino se caracteriza por sus excelentes condiciones biológicas.

Ave marina proporcionándose alimento en la superficie de un estuario.

queza en nutrientes minerales, de la que se aprovechan muchos de sus moradores, y la turbidez de las aguas, que obstaculiza la penetración de la energía solar. De modo paralelo, el contenido en oxígeno es relativamente bajo, otro factor físico de interés en la definición de las propiedades del hábitat. Ello se debe sobre todo a la incansable acción de multitud de microorganismos, que descomponen la materia en suspensión presente en esta agua desencadenando numerosas reacciones químicas que se caracterizan por su alta demanda de oxígeno.

Todo lo anterior explica en buena medida la extraordinaria productividad de las regiones estuarinas. La flora no es muy abundante, dado que la escasa penetración de la luz en esta agua turbia no favorece precisamente la realización de la fotosíntesis. Hierbas marinas como la zostera, una planta angiosperma emparentada con las posidonias aunque con rizoma desnudo, habitan sobre fondos fangosos y arenosos de escasa profundidad, hasta unos 6 m de la superficie, en extensiones a modo de praderas que, en este caso, se conocen como zosterales. Ellas dan refugio a diversas especies animales, como el cangrejo común o la centolla. También pueden encontrarse en los estuarios y marismas litorales especies carnosas, como la salicornia y diversas variedades de áster. Los estuarios tropicales son el asiento ideal para las grandes extensiones de manglares.

Nuevamente gusanos poliquetos, moluscos y crustáceos figuran entre los habitantes más comunes de los estuarios marinos. Muy habituales son, entre los primeros, los gusanos «ingleses» (variedades del grupo *Nephtys*) y las nereidas usadas corrientemente como cebos para la pesca. Algunos de ellos penetran hasta niveles altos del estuario, y a menudo presentan larvas que viven durante las fases iniciales de su vida integradas en el plancton.

Los moluscos, por su parte, forman con frecuencia extensas aglomeraciones que pueden cubrir vastas superficies de marisma. Pese a su pequeño tamaño, inferior a los 10 mm, la especie de

gasterópodo conocida como *Hydrobia ulvae* ocupa las charcas de agua superficial, donde se alimenta en abundancia de lechugas de mar y otras plantas. Dada su elección de vida, estos organismos están preparados para soportar condiciones de salinidad extremas, por lo que llegan a ser especies dominantes en las salinas. La almeja de perro, otra especie frecuente en los estuarios, vive enterrada en el fango y posee una concha muy quebradiza que hace que, pese a lo suculento de su carne, sea difícil de explotar comercialmente. Provistos de largos sifones para procurarse el alimento y con un tamaño generalmente superior a 6 cm, los ejemplares de esta especie se distinguen por su color amarillo pálido, que puede adoptar también tonalidades marrones o grisáceas.

Diversas variedades de anfípodos o pulgas de mar son representantes comunes del grupo de los crustáceos en los ambientes de estuario. Por tanto, son animales capaces de tolerar importantes diferencias de salinidad, y puede vérseles a veces en notables concentraciones caminando sobre los arenales o los terrenos fangosos apoyados en sus antenas e impulsándose con los urópodos traseros. También son muy abundantes las distintas formas de cangrejos estuarinos, adaptados a las particulares condiciones de estos ecosistemas. Algunas de ellas llegan a emigrar en sentido ascendente hacia el cauce del río, donde realizan la puesta de sus huevos.

Peces como el mujil, la solla o la platija se sirven de esta alta población de crustáceos y gusanos, realizando incursiones hacia el interior del área de estuario. Algunos protagonizan asimismo migraciones estacionales hacia las zonas dulceacuícolas para el desove, de manera que las larvas y los juveniles han de desandar después el camino emprendido por sus progenitores para regresar al medio marino primigenio.

Las marismas propias de los estuarios acogen asimismo a numerosas especies de aves, que se regalan a menudo con el festín de los innumerables invertebrados y plantas que encuentran cobijo en estas aguas superficiales. Gansos, patos, grullas y

Las pulgas de mar son crustáceos representativos del entorno de los estuarios.

Numerosas especies de aves acuden a las marismas de los estuarios para obtener alimento.

otras zancudas nadan o caminan solemnemente en estas ricas extensiones, nutriéndose de las hierbas marinas o excavando en los fangos con el pico para atrapar gusanos, pulgas de mar, pequeños crustáceos y otros animalillos. Algunas capturan también peces.

De esta vasta riqueza vegetal y faunística ha sabido beneficiarse el ser humano desde tiempos remotos. Modernamente, sin embargo, varias son las amenazas que se ciernen sobre su continuidad o, al menos, sobre su buen estado de salud. La modificación del medio natural que se asocia con el desarrollo humano ha puesto fin a la historia de no pocos humedales costeros en las últimas décadas. La creciente presión demográfica humana ha incrementado las actividades de pesca y marisqueo, e incluso la ignorancia ha propiciado matanzas de animales más que injustificadas. Prueba de ello es la persecución que han sufrido los ostreros durante siglos. Las bandadas de estas aves, que pululan en busca de las almejas y berberechos de las aguas someras, han sido vistas con infundado temor como peligrosas competidoras por algunas comunidades de mariscadores, que han pugnado por hacerlas huir o desaparecer.

Con todo, es acaso el fenómeno de la contaminación derivada de las industrias, las explotaciones agropecuarias y los desarrollos urbanísticos costeros el más amenazador de los fenómenos contemporáneos para la pervivencia de los ecosistemas de estuario. Los bosques de manglares que resguardan como una barrera natural las costas del trópico han sufrido desde la segunda mitad del siglo XX un notorio retroceso que es motivo de honda preocupación en los medios sociales y científicos. La abundancia que aún hoy se percibe en estas afortunadas aguas donde los ríos cumplen su destino en el mar puede resultar un tanto engañosa, y los cambios introducidos en los ejes ecológicos en torno de los cuales se sustenta su precario equilibrio podrían llegar a tener consecuencias graves, quizá irreversibles, para muchos de sus moradores naturales.

Los estuarios gozan de una vasta riqueza vegetal y faunística.

LA VIDA EN EL ACANTILADO

No es probablemente el acantilado el medio biológico más hospitalario para la vida. Las duras condiciones de este entorno, donde a la presión de los vientos y el oleaje se suma el alto contenido en sales de la humedad ambiental, retrae una expansión biológica que, en todo caso, alcanza un grado notable de especialización. El sustrato, predominantemente rocoso y duro, dificulta el asiento de las especies vegetales, a la vez que el «estilo de vida» vertical no es en modo alguno propicio para que medren los grupos de animales. No en vano, estos lugares suelen ser ricos únicamente en especies dotadas para el vuelo: las aves, un tanto ajenas al problema de la gravidez que aqueja a los organismos terrestres, han encontrado en estas paredes perpendiculares al suelo un espacio idóneo para sacar adelante a sus crías con un acecho mínimo de los depredadores.

Aun así, los acantilados costeros no son en ningún modo hábitat desprovistos de vida vegetal, aunque ésta escasee. Privadas de la posibilidad de asentarse en el sustrato hostil, las plantas arbustivas y arbóreas apenas subsisten en ellos más que en condiciones excepcionales. Los matorrales son muy ralos, como también las especies de plantas de vida larga: ante el embate de las olas, los acantilados son medios en constante regresión, lo que excluye el asentamiento de poblaciones longevas.

A pesar de la cercanía del mar, las condiciones de humedad no son tampoco idóneas. Los altos índices de salinidad obligan a que las especies de acantilado posean mecanismos de adaptación a entornos salobres que les permiten captar el agua ambiental y reducir las pérdidas por transpiración. En las zonas bajas, perviven plantas resistentes al olea-

Las condiciones ambientales que rodean los acantilados no son las más adecuadas para ningún tipo de vida.

je y a la alta salinidad que se aferran a las grietas para soportar los violentos vaivenes del entorno. Especies como la armeria y el plántago marítimo se cuentan entre las heroínas de este duro entorno vital.

En una segunda franja de zonación, por encima de la anterior, las plantas pueden sobrevivir mejor a salpicaduras del oleaje ya amortiguadas en la zona denominada «aerohalófila». A menudo, estas plantas aparecen cubiertas por un polvillo blanco denominado maresía, que no es sino la acumulación de las sales pulverizadas que, provenientes de la brisa marina, se depositan sobre los órganos vegetales de estas especies. El entorno algo más amigable permite el asentamiento en estas áreas de pequeñas extensiones de «césped» litoral, de composición crecientemente compleja conforme se asciende hacia la cima de la pared.

Finalmente, en algunos acantilados se desarrolla una tercera banda de zonación, de matorrales aerohalófilos, alejada del oleaje y con menor incidencia de las brisas salobres. Constituida por matorral bajo susceptible de ser aprovechado como pasto por las ganaderías, comprende variedades vegetales como brezos, tojos y aulagas. Ya por encima del acantilado se observan especies de árboles y arbustos, entre ellos laureles, acebuches y pinos.

La fauna de los acantilados no es muy rica, y mucho menos diversa. Las difíciles condiciones de vida que definen las escarpadas rocas que los conforman no son, ni de lejos, las óptimas para facilitar el sustento de los animales. Sin embargo, han sido elegidas como refugio ideal por las aves marinas, que en algunos lugares se congregan en espectaculares eclosiones de vida tumultuosa.

Colonias de aves en las paredes verticales

Acaso no haya en el litoral marino un lugar más seguro para preparar un nido que un acantilado. La altura y lo escarpado del terreno impiden que los voraces depredadores de huevos y polluelos alcancen su preciado objetivo. Los padres alados gozan a su vez de una magnífica vista panorámica para divisar los peligros, y de un lugar próximo a las aguas de donde tomar su alimento.

En algunas islas del Atlántico norte, esta confluencia de factores ha dado origen a una maravillosa explosión biológica. Islas como las Shetland o las

Vegetación a los pies de un acantilado de la República Dominicana.

Hébridas, al norte de Escocia, gozan de una merecida reputación como santuario de aves marinas. En las bases rocosas de estas formaciones, distintas variedades de cormoranes ocupan los montículos y las rocas planas. No demasiado buenos voladores, rara vez se aventuran en las alturas de los acantilados, si bien algunos anidan también tierra adentro. Entre estas aves palmípedas sobresalen los cormoranes grandes y los moñudos, que se alimentan de pequeños peces y construyen sus nidos con algas marinas.

El cormorán de doble cresta, el más habitual en Norteamérica, forma colonias en las costas del Atlántico y el Pacífico, donde algunas de sus especies sirven como fuente de guano, o estiércol de ave, de importantes usos agrícolas e industriales. Las variedades conocidas como cormorán de cuello negro y cormorán imperial son, por su parte, propias de varios países litorales latinoamericanos.

Por encima del territorio de los cormoranes, en los bajos de la roca, anidan especies más ligeras como los araos, las gaviotas tridáctilas y las alcas comunes. Todas ellas reinan en las alturas respetables de las paredes verticales. Los araos, distribuidos por la práctica totalidad de las costas del hemisferio norte, se adscriben a una amplia variedad de especies emparentadas, entre las que destacan el arao común, de vientre blanco y dorso oscuro, y el aliblanco, propio de las regiones árticas y del norte de Europa y América. Estas aves no suelen formar colonias numerosas, y en ocasiones se las ve enfrentadas a los alcatraces, sus enemigos naturales. Más fuertes y robustos, éstos disputan a los araos el territorio de nidificación y, en ocasiones, llegan a arrebatarles los nidos arrojando al vacío los huevos de sus rivales.

En algunas zonas del Atlántico se han estimado poblaciones de alcatraces de más de cincuenta mil parejas. Entre las más afortunadas en la densa acogida de estos animales figuran las islas situadas al norte del territorio escocés, entre ellas la de Santa Kilda. Perteneciente a las Hébridas Exteriores, sus apenas 4,5 km^2 de superficie, a los que se suman pequeñas extensiones de islas anexas, se han

El cormorán de doble cresta es característico de los acantilados de Norteamérica.

convertido en un santuario biológico de estos animales.

Por su parte, las gaviotas tridáctilas, o golondrinas de mar, destacan por su color blanco salpicado de gris y negro en el dorso y las alas. De tamaño mediano, forman grandes colonias y se adentran bastante en el océano en busca de sus presas. Habitantes de las zonas árticas y templadas frías del Atlántico, algunas especies han ocupado también diversas extensiones del norte del Pacífico. En las latitudes templadas y frías del planeta abundan otras variedades, como la gaviota patiamarilla, que forma nutridas colonias en las costas atlánticas europeas, y la gaviota sombría, que a menudo se alimenta de carroña y es una habitual perseguidora de los barcos de pesca y de sus abundantes residuos arrojados al mar.

En las cumbres de los acantilados es común observar, finalmente, nidos de frailecillos y petreles, unas aves de menor tamaño que prefieren zonas más ricas en suelo vegetal. A diferencia de los mérgulos blancos, que se refugian en las grietas de la roca, petreles y frailecillos excavan con sus picos ganchudos pequeñas madrigueras en el terreno blando, donde realizan sus puestas y cuidan de sus crías. Algunas especies de frailecillos exhiben plumajes vistosos, con picos amarillos, azulados y, a veces, amarillos con punta roja.

DEPREDACIÓN Y SUPERVIVENCIA: LOS RIESGOS DEL ACANTILADO. Los huevos de las aves son un manjar suculento para un gran número de especies. Tierra adentro, baste recordar los afanes de los zorros y los gatos por acceder a las altas ramas de los árboles donde los pájaros han dispuestos sus nidos. Depredadores igualmente ávidos acechan a las colonias de aves del litoral, a pesar de que éstas han encontrado en las paredes altas de los acantilados unos magníficos aliados para disuadir a sus enemigos.

Aun así, algunos cazadores han aprendido a aprovecharse de las debilidades de sus presas. El zorro ártico no desprecia ninguna ocasión para robar al descuido los huevos de algún alcatraz desafortunado. Las nutrias marinas, por su parte, han desarrollado estrategias para acceder a las colonias de nidificación de las gaviotas tridáctilas.

Con todo, ha de decirse que el entorno de los farallones costeros es uno de los mejores entornos posibles para la nidificación. Allí, las aves se congregan muchas veces de forma estacional, y en los ciclos de reproducción realizan puestas casi simultá-

Los frailecillos suelen anidar en las cumbres de muchos acantilados.

neas que se traducen en un inigualable espectáculo de vida. Esta aglomeración favorece los intereses de la supervivencia. Por una parte, todas las aves se dedican a la vez a una misma tarea, con lo que no se «estorban» en la medida en que lo harían si se reprodujeran de forma escalonada en unos espacios físicos tan concurridos. Además, la presencia de tal multitud de nidos y huevos hace más probable que el polluelo consiga desarrollarse hasta convertirse en un individuo capaz de cuidar de sí mismo.

Estos dos factores explican que las aves de la misma especie opten por congregarse mayoritariamente en un mismo lugar, dejando vacíos otros acantilados que, en principio, podrían parecer igualmente idóneos para tal cometido. A ello se añade, según las investigaciones, un tercer elemento de importancia: las aves reunidas se intercambian información acerca de las fuentes de alimento, ayudándose unas a otras a encontrar los ansiados nutrientes en un período en el que tan necesario es aportar comida al nido. La localización de bancos de peces o crustáceos por algunos de estos individuos adultos servirá de señal inequívoca para los restantes, que observan permanentemente el comportamiento de sus congéneres.

Sin embargo, la elección de los acantilados como espacio para la puesta y la crianza supone también sus riesgos. Bien es cierto que los progenitores, las aves adultas, se hallan a salvo de dificultades gracias a su capacidad de volar. Pero no sucede lo mismo con los pollos. Hasta que éstos aprenden a levantar el vuelo, están expuestos a caer del nido y perecer sin remedio. Tales accidentes ocurren igualmente con los huevos, que a veces ruedan por el acantilado hasta estrellarse contra las paredes o el fondo del abismo. Para mitigar este riesgo, ciertas especies, como los araos, ponen huevos de formas especialmente oblongas que ruedan con más dificultad.

Al cabo, el acantilado es una buena defensa contra los atacantes, pero no una fortaleza inexpugnable. Las aves predadoras no se ven impedidas de acceder a estos lugares, como sucede con los cazadores terrestres, y en la época de cría es común ver a ejemplares de cuervos, halcones peregrinos o águilas de mar, estas últimas propias de las zonas costeras del nordeste asiático, sobrevolando los hogares verticales de otras aves marinas. Las golondrinas de mar se enfrentan a las águilas cuando las sienten descender sobre sus nidos, ideando maniobras de distracción que no siempre tienen el éxito buscado. Por su parte, los mérgulos oponen una resistencia tenaz al acoso de los halcones peregrinos, a los que pueden incluso perseguir y derrotar en una acción cooperativa en la que participan numerosos individuos en bandada.

El zorro ártico supone un importante riesgo para los huevos de algunas aves marinas.

Aves marinas en las llanuras costeras

Una de las razones que lleva a muchas aves marinas a nidificar en grandes colonias en los acantilados es la defensa contra los depredadores. Ello justifica congregaciones de individuos que, en casos extremos, suman varios millones. No obstante, la proporción de aves marinas dentro de la clase a la que pertenecen es bastante reducida: de las cerca de 9.000 especies conocidas de aves, apenas unas 300 viven en los entornos propios del océano.

De ellas, los pingüinos de la Antártida y las islas subantárticas se sitúan entre las más numerosas. A diferencia de sus parientes de los acantilados, estas fascinantes aves acuáticas anidan tranquilamente en las llanuras de las costas, ya que en las latitudes donde habitan cuentan con muy escasos depredadores naturales. Incapaces de volar, han desarrollado unas aptitudes natatorias excepcionales que les permiten alcanzar velocidades vertiginosas en el medio acuático. En espectaculares zambullidas, se abalanzan en pos de su alimento bajo el agua, principalmente pequeños crustáceos (krill), pero también peces y calamares.

En su mayoría, los pingüinos tienen pecho blanco y cabeza y dorso oscuros, por lo general negros. Varias especies exhiben manchas coloreadas en cabeza y cuello, predominantemente de tonos rojos, amarillos o naranjas. Algunas alcanzan enver-

El pingüino rey llega a alcanzar una altura cercana al metro.

gaduras notables, como es el caso del pingüino emperador y el pingüino rey, de alrededor de un metro de altura. Otras, como el pingüino azul, apenas llegan a la mitad de la talla de los anteriores. Mención especial merece el pingüino de las Galápagos, habitante de estas islas que están excepcionalmente alejadas del hábitat antártico prevalente en estos animales.

Muy bien adaptados con estructuras anatómicas para resistir los fríos extremos de la Antártida, merced a sus plumas modificadas y a su grasa subcutánea, los pingüinos son animales gregarios cuyas colonias llegan a sumar varios centenares de miles de ejemplares. Ello sucede en la época de cría, durante la estación primaveral, cuando los hielos retroceden hasta dejar rocas y superficies desnudas aptas para la puesta.

La aparentemente plácida existencia de los pingüinos sólo se ve perturbada por la acción de algunos depredadores naturales, como son las orcas, las focas y los petreles. No obstante, el principal «depredador» de estas aves acuáticas es el ser humano que, además de provocar ocasionalmente grandes mortandades mediante la caza, amenaza su hábitat con las artes de la pesca intensiva, los vertidos de crudo petrolífero y los riesgos derivados de la contaminación.

Además de los pingüinos, existen otras aves marinas que acostumbran a nidificar en el suelo. Especies tan conocidas como las gaviotas argénteas y las golondrinas de mar (si bien éstas a veces prefieren el refugio de los acantilados) han desarrollado gran agilidad para el vuelo y una conducta agresiva como mecanismos para huir de los peligros y defender a sus crías frente a las amenazas. También los págalos, parientes de las anteriores, optan por prepararse los nidos en el suelo, para lo cual aplican estrategias semejantes de defensa y conservación.

La gaviota argéntea, que se sitúa entre las especies mejor adaptadas a la vida en las costas, habita en las dos orillas del Atlántico y en el norte del Pacífico, desde América hasta Japón. De tamaño relativamente grande, de hasta medio metro de envergadura, suele exhibir un color gris plateado con dorso blanco y pico amarillo. En general, no se adentra excesivamente en las aguas oceánicas y se alimenta de todo tipo de residuos marinos. Con frecuencia sigue la estela de los barcos, y ha aprendido a buscar su comida también en vertederos y otras fuentes de desechos. En las últimas décadas abundan las colonias de gaviotas argénteas que se han trasladado tierra adentro, donde se establecen

La tonalidad blanca del pecho es una de las características común a la mayoría de los pingüinos.

en las aguas continentales desde las que parten cotidianamente para nutrirse de los residuos que encuentran en los basureros.

Finalmente, otras aves que prefieren terrenos llanos para anidar son los albatros, propios de ámbitos tropicales y del hemisferio sur. Situados entre las aves marinas más grandes y robustas, defienden sus territorios con gran agresividad, para lo cual se valen de su potente pico ganchudo y de las garras de sus patas. Dotados de excelentes capacidades para planear en vuelo, los albatros son capaces de recorrer distancias interoceánicas, para lo cual han aprendido a dormir posados sobre la superficie del océano y a sobrevivir bebiendo el agua salobre.

Una útil cooperación social

Nidificación conjunta, señales para localizar el alimento, defensa común ante el ataque de los depredadores... Algunas de las características citadas que distinguen a las colonias de aves en las épocas de reproducción hablan claramente de una capacidad de comunicación entre los individuos, de una conducta «de especie» que persigue la mejora en las posibilidades de supervivencia a través de un código compartido.

Los biólogos, atraídos por las singulares coincidencias que se observan en las grandes aglomeraciones de aves marinas, donde a veces se reúnen centenares de miles e incluso millones de ejemplares en espacios de litoral relativamente reducidos, han intentado penetrar en los secretos de estos comportamientos. La observación minuciosa depara algunos resultados sorprendentes que animan a seguir ahondando en unas formas de conducta dotadas a menudo de una alta complejidad.

Del estudio de las gaviotas argénteas, por ejemplo, se extraen algunas conclusiones curiosas. Así, se ha visto que los ejemplares adultos de estos animales reconocen sus huevos, de manera que si alguno cayera fuera del nido por accidente, lo recuperarían haciéndolo rodar con el pico. A su vez, los polluelos de gaviota estimulan a sus progenitores para que regurgiten la comida, golpeando rítmicamente en la mancha roja que éstos tienen debajo del pico.

La gaviota es una de las aves marinas mejor adaptada a la vida costera.

Algunas especies de aves marinas se agrupan formando enormes aglomeraciones.

Estos animales, como las aves en general, exhiben también actitudes propias de una conducta social. Al cortejo y selección de la pareja, que muestra momentos de lucha y supremacía entre los machos, se añaden con especial interés las técnicas para alertar a la comunidad de un posible peligro. Los «vigías» que patrullan el territorio común emiten agudos gritos cuando sienten acercarse a un posible depredador. Entonces, los adultos alzan el vuelo, mientras las crías se apresuran a ocultarse en la espesura o en lo profundo del nido.

También resulta peculiar la conducta territorial. Es habitual que la defensa del territorio se limite a la época de cría, lo cual muestra un propósito relacionado claramente con el éxito reproductivo. El espaciamiento que se observa, por ejemplo, entre los nidos de gaviotas argénteas durante la reproducción respondería a un fin semejante. Tales distancias se mantienen a veces con enfrentamientos directos entre los individuos, que pasan desde posturas de amenaza y emisión de gritos estentóreos hasta peleas con golpes de pico o maniobras disuasorias del adversario martilleando la hierba, también con el pico.

Las llamadas de las gaviotas han sido asimismo objeto de interesantes estudios. De tono ronco y chillón, la voz de estas aves muestra no obstante ciertos matices de inflexión que permiten a los individuos identificar los cantos de sus congéneres. Esta cualidad resulta de especial importancia para que los progenitores localicen a sus crías en las concurridas temporadas de nidificación.

Las gaviotas argénteas mantienen sus nidos separados por considerables distancias.

Los invertebrados de litoral: jugando con las mareas

Se ha hablado ya en páginas anteriores de las especiales necesidades impuestas a los invertebrados que pueblan los bordes litorales rocosos y arenosos. El riesgo de deshidratación por el ir y venir de las mareas, los cambios profundos de temperatura y la exposición al oleaje y las corrientes definen los principales desafíos que deben afrontar en su singular lucha por la supervivencia.

También se mencionaban algunas de las estrategias exitosas de adaptación frente a tales retos. Algunos de estos animales han desarrollado gruesas cutículas y caparazones que los cubren, evitan la desecación y amortiguan el choque térmico. Otros, como las lapas, han aprendido a adherirse con tal fuerza al sustrato que crean condiciones estancas donde guardan la humedad el tiempo suficiente para vivir hasta la siguiente marea. Finalmente, los afortunados seres que tienen patas y buena movilidad, como los cangrejos y las pulgas de mar, acuden raudos al percibir la sequedad hacia las grietas húmedas y las charcas intermareales, donde esperan sin mayores problemas la nueva crecida de las aguas.

Ha llegado el momento de analizar con un grado mayor de detalle los rasgos peculiares que caracterizan a algunos de los más comunes de estos resistentes animales costeros. Por sus características diferenciales, conviene distinguir entre los or-

Algunos invertebrados marinos han desarrollado caparazones a modo de protección.

ganismos adaptados a la vida en el litoral rocoso y los que sobreviven en entornos de fango o arenosos, sometidos ambos grupos al ritmo cíclico de las mareas que determinan en buena medida sus principales características físicas.

INVERTEBRADOS EN LAS COSTAS ROCOSAS

Pese a lo que pudiera pensarse en un principio, el duro entorno de las costas de roca y bajo acantilado acoge una alta variedad y multiplicidad de fauna, principalmente de animales invertebrados. Entre éstos destacan, por ejemplo, los mejillones, habitantes frecuentes de las altas zonas de marea donde viven generalmente adheridos a las rocas. Estos animales bivalvos del grupo de los moluscos poseen un cuerpo blando protegido por valvas semejantes y son magníficos filtradores del medio marino, del que extraen los nutrientes necesarios para su alimentación. Esta característica hace que, siendo comestibles para el ser humano y otras especies, su carne a veces presente un alto contenido de toxinas que extraen de los ambientes contaminados.

Pobladores de aguas preferentemente someras, los mejillones rara vez superan los 5 cm de longitud. A menudo forman grandes bancos, que en marea baja permanecen herméticamente cerrados para combatir la desecación. En cambio, al ser cubiertos de nuevo por la pleamar, ofrecen un llamativo espectáculo cuando, todos a la vez, abren sus valvas y reinician su eficiente labor filtradora.

No lejos de éstos, también sobre las rocas, prosperan las lapas, de dimensiones semejantes y que resisten bien en las zonas batidas por las olas. Suelen aparecer acompañadas de balanos y otros moluscos, de los que se diferencian por su concha cónica aplanada, de borde ondulado e irregular. De color verde o pardo, a veces rojizo, y distribuidas prácticamente en todo el planeta, se desplazan con lentitud en busca de abrigo y alimento (sobre todo, algas), que capturan valiéndose de su lengua o rádula. Estos invertebrados son muy abundantes también en las latitudes antárticas, donde en invierno se recubren de una mucosidad anticongelante para sobrevivir en medio de los hielos.

Balanos y percebes compiten a menudo con las lapas por el espacio rocoso del litoral. La principal diferencia que existe entre ambos, pertenecientes al grupo de los crustáceos cirrípedos, es que los pri-

Los percebes son crustáceos cirrípedos que habitan en el entorno rocoso.

meros (también llamados bellotas de mar) carecen de pedúnculo, por lo cual se fijan a las rocas por la base. Como los percebes, los balanos están ampliamente distribuidos por las costas del Atlántico norte, en las zonas rocosas y expuestas, sobre todo de las zonas intermareales.

Al igual que sus parientes, los percebes son crustáceos frecuentemente hermafroditas que han aprendido a sujetarse con gran fuerza al sustrato rocoso. Para ello han desarrollado una forma de pegamento biológico de tal eficacia que ha sido objeto de estudios concienzudos para intentar reproducirlo (hasta ahora, sin éxito) con fines industriales. De tal forma, estos cirrípedos superan uno de los problemas básicos del entorno intermareal: el riesgo de perecer ante la exposición al oleaje. Afrontan también otro reto, el de la lucha contra la desecación, con una cubierta exterior dura e impermeable.

El cuerpo de los percebes se divide morfológicamente en dos partes diferenciadas: el capítulo, con varias placas calcáreas grandes entrelazadas con el apoyo de otras muchas placas de menor tamaño, contiene el tórax del animal; el pedúnculo, a modo de cilindro, le sirve para adherirse al sustrato. La técnica que aplican para alimentarse, principalmente de los componentes animales y vegetales del plancton, consiste en extender seis pares de patas sedosas, denominadas cirros, que actúan a modo de tentáculos. A menudo pasiva, la alimentación es estimulada en ocasiones por el propio animal, que desplaza las patas mediante movimientos compulsivos de los cirros.

La capacidad de adherencia de los balanos y los percebes, estos últimos un plato muy apreciado en los restaurantes, es proverbial. Normalmente restringidos a las rocas costeras, muchos ejemplares de estos invertebrados se pegan a los cascos de los barcos y a la piel de los grandes cetáceos y viajan con ellos grandes distancias que permiten su proliferación y la diversificación de su hábitat. Ello ha llevado a que algunas de sus variedades se hayan extendido por todo el mundo.

Mejillones y percebes conviven en el hábitat de las rocas.

Los cangrejos marinos emplean sus pinzas para dar caza a sus presas.

La presencia de percebes en los cascos de los barcos, con la «contaminación» consiguiente de aguas vírgenes con poblaciones no autóctonas de estos animales, puede suponer en algunos casos un problema ecológico o simplemente práctico. Desde mediados del siglo XX se han aplicado diversos procedimientos para combatir la extensión de estos invertebrados, en particular por medio de sistemas de generación de vibraciones ultrasónicas que los ahuyentan.

Con menor capacidad de dispersión geográfica, los caracoles marinos se hospedan asimismo en las zonas altas del intermareal. Gasterópodos emparentados con sus homónimos terrestres, están provistos de un pequeño disco de succión que los ayuda a fijarse al sustrato. Los caparazones en los que se ocultan y protegen alcanzan en ocasiones categoría de verdaderas obras de arte de la naturaleza. A profundidad ligeramente mayor que los anteriores viven los quitones o chitones, unos moluscos cubiertos por una envoltura formada por capas simétricas superpuestas. Estos pequeños invertebrados, de apenas un par de centímetros en su cuerpo ovalado, se enrollan sobre sí mismos (de forma similar a las cochinillas terrestres) cuando se sienten vulnerables, para dejar al descubierto únicamente la parte dura de su caparazón.

Entre las rocas, en las charcas que se forman en las grietas o bajo la superficie de las aguas, deambulan los cangrejos marinos, unos crustáceos de caparazón duro de consistencia quitinosa y pinzas delanteras desarrolladas. Con ellas atrapan el alimento, excavan el terreno, se defienden de sus depredadores y, en la época del cortejo, protagonizan singulares rituales de apareamiento no exentos de cierta ferocidad entre los machos rivales.

No en vano estos artrópodos, de los que se conocen cerca de cinco mil especies, son animales bastante avanzados en términos de estructura anatómica y conducta evolutiva: caminan en dirección lateral (no hacia atrás, como reza el dicho popular), a veces a velocidades respetables, y son magníficos nadadores. Dotados de buena visión, poseen ojos compuestos y un excelente sentido del olfato y el gusto. Se nutren de una dieta variada y cuentan con sistemas nerviosos relativamente avanzados, además de amplias capacidades de adaptación a entornos variables de salinidad, temperatura y turbiedad del agua.

Su forma característica, con un abdomen reducido a costa de una parte anterior más robusta y ancha, presenta estructuras particulares en algunas especies, como sucede en el gigantesco cangrejo japonés. Muy conocidos, por sus costumbres atrabiliarias, son los cangrejos ermitaños que, ante la blanda desprotección de su abdomen, han decidido refugiarse en conchas y caracolas ajenas para gozar de alguna oportunidad de supervivencia frente a sus atacantes. Los cangrejos violinistas, a su vez, son unos diletantes de la estética: los machos poseen una pinza de tamaño desproporcionado que no parece tener más finalidad que impresionar a las hembras en el cortejo y disuadir de la lucha prenupcial a los machos rivales. Por su parte, los cangrejos araña, con sus patas largas y desgarbadas, adornan una nutrida familia que ha colonizado la práctica totalidad de las costas frías, templadas y tropicales.

UN MUNDO DE TENTÁCULOS. En las zonas de marea abundan también diversos invertebrados que, en vez de conchas, han optado por una disposición de tentáculos como órganos diferenciados que garantizan su éxito evolutivo. Entre las especies más características de estos animales, encuadrados en el grupo de los cnidarios, se encuentran las anémonas marinas, propias de aguas someras y ricas en materia orgánica. Aunque prefieren áreas escasamente batidas por las olas, a menudo se aventuran en las zonas intermareales, donde la agitación de las aguas les brinda ocasiones recurrentes de acceder a su alimento.

Estos animales carnívoros se nutren de peces pequeños y crustáceos, que atrapan con ayuda de sus tentáculos urticantes (que en los individuos adultos pueden acercarse a dos centenares). De hábitos individuales que los diferencian de sus parien-

Las anémonas marinas se caracterizan por la disposición de tentáculos que usan como medio para atrapar alimentos.

Las anémonas son invertebrados característicos de las zonas de marea.

Las anémonas suelen preferir para su ubicación zonas poco castigadas por las olas.

tes cercanos, los corales formadores de arrecifes, las anémonas marinas retraen sus tentáculos cuando baja la marea. En cambio, en el ascenso de la pleamar recuperan su actividad y vuelven a extender los brazos, aguardando el paso infortunado de sus posibles presas.

Próximos a las anémonas se extienden a menudo otros cnidarios conocidos coloquialmente como tomates de mar. Estos invertebrados acostumbran a fijarse a grietas y rocas costeras y, aunque suelen vivir sumergidos de forma permanente, son capaces de soportar períodos de emersión. Por lo general, muestran hábitos nocturnos y, en las horas de oscuridad extienden sus racimos tentaculares, de cerca de 200 brazos urticantes, con los que capturan moluscos, crustáceos y pequeños peces. El nombre de tomate de mar no es caprichoso: cuando la marea desciende y quedan fuera del agua, recogen sus tentáculos y pasan a tener una gran semejanza con estos populares frutos de la huerta.

Ortigas blancas, plumas de mar, aguamalas, falsos corales y unas curiosas formaciones de pólipos coloniales conocidos vulgarmente como «mano de muerto» completan el cuadro de algunos de los cnidarios más habituales en las regiones costeras del mundo y en sus proximidades.

Invertebrados de costas arenosas

Aunque, como ya se ha apuntado, las costas arenosas están menos provistas de diversidad biológica que los roquedos, la abundancia de microorganismos presentes en sus arenas atrae asimismo a numerosas especies de animales que prosperan sobre esta base alimenticia. Los invertebrados de arena han aprendido a combatir la desecación periódica que impone el régimen intermareal recurriendo por lo general a un procedimiento muy sencillo: enterrarse. En este hábitat se distribuyen algunos de los grupos propios también del hábitat rocoso, como son en particular las numerosas especies de cangrejos. Otros grupos, en cambio, son altamente característicos de las zonas de arena húmeda, a menudo sumergida, de las playas.

Uno de ellos es el de las navajas, moluscos bivalvos de 10 a 20 cm de longitud que deben tal nombre a su peculiar morfología: de forma oblonga, lisa y algo curvada, recuerdan con frecuencia al mango de un cuchillo. De color blanquecino o amarillento, se nutren de algas y desechos y están recubiertas por un velo muy fino que se conoce por periostraco. Abundan en el océano Atlántico y en las costas occidentales del Pacífico, con algunas variedades muy apreciadas por su carne. Ocultas en lo profundo de la arena, son recogidas por los mariscadores por un procedimiento muy llamativo: al introducir sal en su madriguera, las obligan a salir al exterior, donde las «colectan» con toda facilidad.

Los fondos arenosos de las aguas someras son también muy ricos en almejas y otros moluscos bivalvos comestibles. Estos animales se entierran con ayuda de un musculoso pie en forma de hacha y acceden al alimento mediante un mecanismo filtrador ayudado por un sifón. De tamaño variable, algunas especies americanas gigantes llegan a pesar hasta 200 kg, casi una decena de los mismos de carne aprovechable. Otras, en cambio, apenas miden unos centímetros. En momentos de turbulencia que remueve las aguas y las deja al descubierto, las almejas pasan a ser pasto de las aves marinas y otros animales que recorren el litoral en busca de fortuna.

Menos suculentos son, sin duda, los cohombros o pepinos de mar, unos equinodermos de cuerpo vermiforme que absorben la comida por la boca y la expulsan por la cloaca, dispuesta en el extremo opuesto de su morfología tubular. Aunque una parte importante del millar de especies conocidas habita en aguas profundas, existen cohombros característicos de las zonas someras arenosas, con longitudes modestas que rara vez superan algunas decenas de centímetros. A diferencia de otros equinodermos que se extienden ocasionalmente por las áreas costeras (como las estrellas marinas), los pepinos de mar poseen simetría bilateral, y no pentámera.

Numerosas especies de cangrejos desarrollan su vida en el ecosistema arenoso.

Los peces del litoral

Los aficionados a la caña de pescar y al submarinismo a pulmón libre conocen bien las variedades de paisaje costero que albergan las diferentes especies de peces de litoral. Los roquedales son lugares llenos de vida, como también los estuarios y, aunque en menor medida, los fondos arenosos. Las leyes de la naturaleza dictan que la abundancia de nutrientes y energía engendra una prolífica cadena trófica con eslabones sucesivos de consumidores primarios, secundarios y terciarios, según sean capaces de generar su propio alimento o necesiten engullirlo de los herbívoros y de otros animales, respectivamente.

Los peces, vertebrados acuáticos por excelencia, se nutren por lo general de plantas, invertebrados u otros peces. Por tanto, merodean por aquellas zonas donde habitan sus presas, en una permanente labor de vigilancia que no deja escapar las menores oportunidades de conseguir comida. En las aguas someras contiguas a rocas y acantilados abundan sargos, salmonetes de roca, rapes, salpas, doradas y algunos peces escorpénidos, como los cabrachos. En ocasiones se encuentran también ejemplares de peces luna, rayas e incluso algunos tiburones pequeños.

Los fondos arenosos ocultan numerosos invertebrados que se entierran bajo el suelo, donde buscan sus propios nutrientes a la vez que se escabullen de sus enemigos naturales. Estas arenas palpitantes de vida albergan moluscos bivalvos (coquinas, almejas y demás), crustáceos y pequeños gusanos que excavan galerías con sus bocas eficaces. Diversos peces planos los acechan, como lubinas, sargos, herreras y palometas.

Los peces se alimentan de vegetales, invertebrados e, incluso, de otros peces.

Algunas especies de salmonete son habituales del hábitat rocoso.

No menos nutritivos son los fondos de fango, próximos a rías, estuarios y desembocaduras de corrientes fluviales y, por tanto, extraordinariamente ricos en material sedimentario y orgánico en suspensión. De nuevo los anélidos, los crustáceos y los moluscos que los habitan atraen a peces ávidos de su valor nutritivo, como lenguados, platijas, sollas y otras especies planas, además de salmonetes de fango y, en menor medida, también lubinas. Finalmente, las playas de canto rodado ofrecen peores oportunidades para la captura, por lo que apenas se observan en ellas ejemplares aislados de sargos, bailas y lubinas que aspiran a capturar algún gusano, crustáceo u otro animal que les sirva de bocado.

Peces en los roquedos

El salmonete de roca es uno de los reyes de las aguas próximas a zonas escarpadas de la costa. De unos 15 a 30 cm de tamaño, gusta de moverse entre las áreas empedradas del fondo marino y las extensiones arenosas o de praderas submarinas, desde casi la superficie hasta más de 100 m de profundidad. Estructuralmente posee un cuerpo aplanado con escamas grandes, atravesado en sentido longitudinal por una línea roja y varias amarillas más finas que le confieren un aspecto atractivo y diferencial. El colorido es variable, más rojo cuanto más someras son las aguas.

La estrategia desarrollada por el salmonete de roca para procurarse el alimento es bastante sencilla: con sus barbillas remueve la arena allí donde presume que puedan haberse escondido pequeños gusanos, crustáceos o larvas, que constituyen la parte preferida de su dieta. La carne del salmonete es comestible para el ser humano, que lo ha hecho objeto de explotación comercial.

También los rapes, ocasionales habitantes de las zonas rocosas próximas al litoral, son muy apreciados por el sabor de su carne. Estos animales se encuadran en una gran familia de más de 200 representantes, distribuidos por todos los mares templados del hemisferio norte. Con ejemplares que pueden alcanzar hasta metro y medio de longitud, los rapes son conocidos entre los biólogos por su acusado dimorfismo sexual: a diferencia de lo que sucede en otros peces, cuyos límites sexuales un tanto ambiguos llevan a que un mismo individuo pueda asumir papeles masculinos y femeninos en distintos momentos de su vida o según las condiciones externas, los rapes machos suelen ser mucho más pequeños que las hembras y, en el apareamiento, penetran en el tegumento de éstas para alimentarse directamente de su sangre. Tal conducta, no obstante, es propia sobre todo de las especies de profundidad.

A su vez, entre las rocas costeras abundan diversas variedades de peces escorpénidos o escorpiones de mar, así llamados por sus afiladas espinas, a menudo venenosas. La escorpena se sitúa entre las más conocidas variedades de la familia, cuyos miembros merodean frecuentemente por los fondos rocosos de aguas relativamente superficiales. Se conocen más de 300 especies de estos peces escorpión, muchas de ellas provistas de espinas. Estas espinas inyectan toxinas que, aunque en raras ocasiones, pueden ser incluso letales. Refugiados normalmente entre las rocas, estos peces pueden permanecer asimismo semienterrados en la arena junto a la línea de costa, e infligir en los bañistas que tienen el infortunio de pisarlos picaduras muy dolorosas que requieren una pronta atención médica.

De cabeza grande y aperturas branquiales muy extendidas, las escorpenas se nutren primordialmente de pequeños animales, y bastantes de sus especies tienen crías vivas. Entre sus formas más voraces y agresivas figura el cabracho, un pez espinoso y difícil de cocinar cuya carne tiene, no obstante, un gustoso sabor.

Las salpas son otros de los pobladores comunes de los fondos rocosos y las praderas submarinas. De tamaño mediano (20 a 40 cm), buscan preferentemente zonas con cubierta vegetal próximas a la línea de playa. Poseen unas rayas longitudinales amarillas muy características, que animan de color el

Muchas de las diferentes especies de pez escorpión están dotadas de espinas venenosas.

Diferentes especies ictiológicas forman parte de la cadena trófica de los fondos marinos.

El salmonete de roca comparte gran cantidad de características fisiológicas con su variedad de fango.

fondo argénteo y liso por el que se distingue en general su cuerpo oblongo. Durante las primeras fases de su vida llevan una alimentación variada, que se va restringiendo a recursos vegetales conforme avanzan hacia la edad adulta.

La contemplación de los bancos de salpas es un espectáculo llamativo. Formados por unos sesenta individuos, estos cardúmenes demuestran un alto grado de sincronización, donde los movimientos de los ejemplares integrantes se hacen al unísono. Además de su atractivo estético, las salpas son apreciadas por el valor de su carne, si bien sus costumbres alimenticias recomiendan adoptar ciertas precauciones. En los meses estivales, estos peces pueden nutrirse de variedades de algas tóxicas, en virtud de lo cual podrían provocar envenenamientos en el ser humano.

Muy valorada es también, en la buena mesa y en los restaurantes, la carne de la dorada. Este pez marino de la familia de los espáridos frecuenta sobre todo las zonas rocosas abundantes en algas, así como las praderas submarinas de posidonias. De tamaño relativamente grande, de hasta unos 60 cm de longitud, rara vez se aventura a profundidades superiores a los 50 m, aunque tampoco es corriente verla demasiado cerca de la superficie.

Desde un punto de vista anatómico, la dorada presenta algunas similitudes con el sargo. Tiene un cuerpo ovalado y comprimido, con fuertes mandíbulas y una cabeza grande en comparación con el resto del cuerpo. De color gris, más claro en la región ventral, posee un rostro curvado y una cola poderosa y ancha. El nombre de dorada responde a la presencia en la frente del animal de una mancha de esta coloración. La fuerte dentadura del pez le sirve para atrapar los crustáceos y moluscos que componen su dieta habitual; sin ella no podría quebrar el duro caparazón que protege el cuerpo de estos invertebrados. Hermafrodita, la dorada es un animal muy sensible a los cambios de temperatura, que resiste difícilmente cuando las aguas se enfrían de forma brusca por debajo de un cierto umbral de supervivencia.

Como se ha apuntado, la dorada muestra algunas semejanzas notables con el sargo, otro pez espárido habitual en los fondos de roca y en las praderas sumergidas. De cuerpo igualmente ovalado, aunque algo más pequeño (unos 40 cm de longitud), el sargo común ocupa zonas más superficiales, de entre 2 y 5 metros, en congregaciones con otros peces de su género. A veces extiende su hábitat a los suelos arenosos, aunque siempre cerca del roquedal. Los sargos comunes son muy fáciles de distinguir, merced a una sucesión de siete rayas transversales en el lomo de color marrón oscuro, casi negro, que resalta sobre un tono general blanco o plateado. De labios gruesos característicos, se alimentan de crustáceos, moluscos y equinodermos.

El sargo imperial, por otra parte, presenta rasgos anatómicos muy parecidos a la especie común del género. Aunque prefiere moverse entre zonas rocosas y praderas de posidonia y hierbas marinas, los ejemplares adultos de mayor tamaño acceden con frecuencia a las aguas profundas. Las franjas transversales del sargo imperial son más anchas y vistosas que las de sus otros congéneres. A ello añade un morro alargado y una abertura bucal relativamente reducida como otras de sus cualidades distintivas. Poco común entre los espáridos, el sargo imperial se desplaza a menudo en grupos pequeños, a veces formados por sólo dos individuos cuando éstos son muy jóvenes. Se sirve de los labios y las mandíbulas para obtener el alimento, arrancándolo del fondo.

Con esta referencia se completa una revisión panorámica de los grupos de peces más habituales en los roquedos de las costas de los mares fríos y templados. No obstante, para completar la relación se hace necesario al menos mencionar otras especies relativamente comunes, como son la lubina de roca, la lubina estriada y ciertas variedades de meros.

PECES DE FANGO, FONDOS ARENOSOS Y CANTOS RODADOS

Las ricas áreas próximas a los estuarios y las rías litorales ofrecen a los peces una amplia diversidad

Las platijas son peces de cuerpo aplanado fruto de la adaptación evolutiva.

Algunas lubinas residen en zonas costeras, especialmente de carácter arenoso.

de recursos y nutrientes. De ellos se aprovecha, por ejemplo, el salmonete de fango, emparentado estrechamente con la variedad de roca, con la que comparte numerosas características fisiológicas, estructurales y de conducta. Con morro truncado provisto de unos barbillones que le sirven para remover el lodo, es gregario (a diferencia del salmonete de roca, más solitario) y cazador asimismo de pequeños animales bentónicos: gusanos, crustáceos y larvas de otros peces.

También de unos 15 a 30 cm de tamaño, el salmonete de fango habita hasta profundidades de un centenar de metros, casi siempre muy próximo al suelo marino y absorto en su afán por remover la arena. En ocasiones se acerca a la frontera de los roquedales y, a diferencia de su pariente de roca, carece de bandas longitudinales. Forma grupos de unos diez ejemplares, que puede abandonar cuando ha alcanzado un tamaño respetable, y su período de reproducción se extiende a los meses de verano.

No menos apreciado por sus valores culinarios es el lenguado, un pez plano de cuerpo aplastado que ha aprendido a recostarse en los fondos sobre su lado izquierdo. Los lenguados se entierran en el fango o la arena, y están distribuidos por amplias zonas de litorales tropicales y subtropicales. Por sus peculiaridades anatómicas, poseen una boca torcida en el lado ciego y un ojo izquierdo modificado en el contrario. Se alimentan de diversos invertebrados, como crustáceos, y a su vez sirven de nutrimento a especies más grandes de peces y mamíferos marinos.

Las platijas, con las que a menudo se confunden, son también peces planos con los dos ojos en un mismo lado del cuerpo, producto de su desarrollo evolutivo que los ha llevado a tener claras diferencias entre el «arriba» y el «abajo» de su anatomía. De carne muy apreciada y aproximadamente medio metro de largo, abundan cerca de las costas de los mares templados y subtropicales. Muy próximas en la clasificación taxonómica de los peces se encuentran las sollas, que exhiben como una de sus cualidades más representativas la presencia de una hilera de tubérculos óseos por detrás de los ojos. Algunos ejemplares alcanzan tamaños más que respetables, que los hacen muy codiciados por los pescadores.

Aunque de hábitos semipelágicos, algunas lubinas se aproximan a las zonas costeras, a menudo en los litorales arenosos y de cantos rodados. En general a escasa profundidad, este pez suculento de tallas de hasta un metro de longitud suele nadar en compañía de otros espáridos, como sargos y doradas, en pos de los crustáceos, moluscos, erizos de mar y otros peces que le sirven de alimento. Como rasgo externo destaca un lomo de color gris oscuro, con vientre plateado y movimientos elegantes. La sobrepesca de sus especies más productivas ha propiciado una disminución acusada de la riqueza de sus caladeros. La respuesta ante la demanda del mercado ha sido impulsar la cría en cautividad de lubinas de piscifactoría.

Herreras, bailas y palometas o japutas deambulan también por las cercanías de las orillas, allí donde el encuentro entre el mar y la tierra permite disfrutar de una inusitada riqueza de alimento y de buenas oportunidades para la supervivencia.

FORMAS Y CONDUCTAS CURIOSAS

Aunque poco frecuentes en aguas costeras, algunos animales marinos propios de las profundidades oceánicas a veces llegan hasta las proximidades del litoral, donde forman comunidades permanentes. Así sucede, por ejemplo, con la raya común, un pez bentónico de esqueleto cartilaginoso que rara vez se encuentra lejos del suelo marino más profundo. Este pez anatómicamente extraño, pues posee un cuerpo plano de geometría romboide y una aleta caudal muy modificada que le sirve de timón, nada permanentemente a escasa distancia del suelo, donde encuentra los ingredientes de su dieta, básicamente todos los animales de fondo. Algunas especies poseen un sistema de generación de descargas eléctricas, que tienen utilidad como mecanismo de defensa y en funciones de electrolocalización. En las zonas habitadas por rayas no es extraño observar la presencia de algunos pequeños escualos, por lo común totalmente inofensivos para el ser humano.

Por su parte, en los arrecifes de rocas sumergidas próximos al litoral habitan también otros peces de

En las zonas habitadas por rayas suele ser frecuente la presencia de pequeños escualos inofensivos para el ser humano.

La morena es un pez de morfología alargada que habita escondido entre las rocas de los arrecifes.

formas diríase que un tanto impropias. Uno de los más conocidos es la morena, de aspecto feroz y estructura corporal que recuerda más a una serpiente que a un pez. En el caso de la morena, los roquedales actúan como bases de refugio. En ellos busca grietas profundas en las que guarecer su cuerpo, que aparece comprimido convenientemente en su extremo terminal para facilitar la ocultación en la pétrea estrechez. De este modo, deja asomar de la hendidura sus poderosas mandíbulas, provistas de dientes afilados con los que trocea los peces, crustáceos, moluscos y erizos de mar de que se nutre.

Los submarinistas han de precaverse ante la presencia de estos peces extravagantes, capaces de infligirles mordeduras peligrosas. Su gran boca resulta, sin duda, disuasoria y no hace sino anunciar su conducta marcadamente agresiva. Detrás de esta estampa primera, cuando nadan libremente las morenas exhiben un cuerpo longilíneo muy modificado, de color variable, con piel brillante sin escamas y ausencia completa de aletas pectorales. La fusión de la aleta dorsal con la caudal le dota, por fin, de un nadar serpenteante que realza aún más su amenazador aspecto.

Semejantes por su cuerpo serpentiforme son los congrios, unos peces de roca de 1 o 2 m de longitud que prefieren instalarse cerca de las praderas de algas y posidonias sumergidas. Allí se procuran el alimento, crustáceos, peces y moluscos que capturan al acecho. Animal solitario de hábitos nocturnos, presenta una piel lisa, desprovista de escamas, de color grisáceo. Las aletas ventrales están ausentes, y las pectorales, muy reducidas. Su visión en las inmersiones submarinas puede resultar amedrentadora, pues se oculta en grietas profundas de las que expone únicamente sus temibles mandíbulas.

Finalmente, entre los peces que se aproximan a los litorales no pueden olvidarse dos especies ex-

traordinarias, las únicas que han optado por elegir la tierra firme como escenario para reproducirse. Aunque suene extraño, las variedades ictiologías conocidas como gruñones y capelanes comparten una extraña afición: en los meses cálidos de principio del verano acuden masivamente a las playas del sur de California y la Baja California mexicana (los primeros), en el Pacífico, y de Terranova (los capelanes), en el Atlántico, para arracimarse en la orilla formando extensas alfombras coleantes donde tienen lugar, en un plazo mínimo de tiempo, el desove y la fecundación.

Estas dos especies poseen algunas características morfológicas en común. Sus ejemplares son alargados, de 15 a 20 cm de longitud, aproximadamente, y cuerpos brillantes plateados. La puesta está regulada en ambas por las mareas y la temperatura, un factor quizá determinante para que hayan preferido la frontera entre tierra y mar como refugio primordial de sus huevos. El mecanismo por el cual se elige el momento del desove es altamente preciso. Entre los gruñones se activa en las primeras cuatro noches después de la marea más alta del plenilunio o el novilunio. Entonces, las hembras se afanan por excavar en el terreno blando unos orificios de unos 5 cm de profundidad, donde depositan unos 2.000 huevos cada una. Después comienza el espectáculo, cuando los machos disputan entre sí de modo turbulento por ser los primeros en diseminar su esperma sobre los huevos, con el fin de garantizar la pervivencia de su caudal genético individual. Una vez cumplida su misión, se dejan de nuevo arrastrar hacia el mar interior, con la siguiente embestida de las olas.

Probablemente, la estrategia del desove en tierra responde a una defensa contra los depredadores marinos o a una búsqueda de las mejores condiciones ambientales para los huevos. Sea como fuere, tras un período de incubación de unas dos semanas, las crías aprovechan la primera pleamar para salir de la tranquilidad del vitelo y escapar raudas hacia su mar nutricio.

Los peces conocidos como gruñones se caracterizan por su particular conducta reproductiva.

Reptiles y mamíferos en las costas

Las especies de reptiles y mamíferos en las zonas de litoral del mundo no son muy abundantes. En su mayoría, estos animales prefieren las amplias extensiones oceánicas, donde protagonizan desplazamientos, a menudo de tipo estacional, en pos de mejores condiciones para alimentarse o para procrear. Precisamente, la época de reproducción determina los momentos en los que algunos de ellos se refugian en las playas, las zonas rocosas o las aguas someras próximas a la orilla.

Así sucede, por ejemplo, con las tortugas marinas, cuya costumbre de desovar en las costas arenosas plantea un serio riesgo para su perpetuación. A los problemas naturales de vulnerabilidad asociados a las condiciones del ambiente, no siempre propicias, y a la presencia de numerosos y ávidos depredadores que aguardan la eclosión de los huevos para devorar las crías, se suman hoy otros problemas relacionados con la presión ejercida por el ser humano sobre el entorno. La explotación de las playas ha privado a estos quelonios, espléndidos y antiquísimos en la historia evolutiva, de muchos de sus entornos preferidos para la puesta de los huevos. Al mismo tiempo, la desaparición de numerosos ejemplares que han sido perseguidos desde antaño por la belleza de su caparazón y que, modernamente, perecen atrapados en las redes de pesca y por el «robo» de los suculentos huevos por las comunidades del litoral, añaden un elemento más de inquietud a la preocupante disminución observada a escala mundial en las poblaciones de tortugas marinas.

En múltiples países, principalmente en la región del trópico, se han puesto en marcha programas

Las tortugas marinas realizan el acto del desove en las regiones arenosas del litoral.

El período reproductivo de las iguanas dura aproximadamente tres meses al año.

de recuperación de estas especies y de protección de su hábitat costero. El éxito de los mismos, aunque limitado, permite abrigar esperanzas de una recuperación del número y diversidad de estos reptiles, cuya venida al mundo en las playas que les sirven de «incubadora» natural reserva un espectáculo dramático: millares de pequeñas tortugas recién nacidas se apresuran alocadamente hacia las olas para huir del acoso de las aves y otros predadores desde el aire y la tierra. Las que consigan llegar al mar tampoco tendrán la supervivencia asegurada: aún les esperarán muchos peligros hasta alcanzar la edad adulta, que en numerosas especies puede prolongarse durante varios cientos de años.

Una de las especies más apreciables de los parientes terrestres de este grupo de quelonios es la tortuga gigante de las islas Galápagos, ubicadas frente a las costas del Ecuador. Considerada un tesoro de la naturaleza que mereció atención especial en sus estudios evolutivos por parte del biólogo británico Charles Darwin a finales del siglo XIX, el estudio de sus costumbres y su hábitat permite establecer clasificaciones comparativas entre los ejemplares de las distintas islas: las diferentes condiciones ambientales y de alimentación tienen, por ejemplo, reflejos notorios en la forma y la coloración de sus caparazones.

Las tortugas gigantes de las Galápagos comparten a menudo su entorno vital con otro grupo de reptiles de origen terrestre que se han adaptado excepcionalmente a las peculiaridades de la vida en la frontera con el mar: las iguanas marinas. Estos animales, de los que se conocen varias especies, todas ellas endémicas (exclusivas) de las Galápagos, alternan períodos en el agua con largas y placenteras siestas sobre las cálidas rocas de la orilla. Se alimentan de algas casi de modo exclusivo, por lo cual son marcadamente vulnerables a la escasez de estos organismos que pueda derivarse de los cambios climáticos y, en particular, de los episodios recurrentes del fenómeno meteorológico conocido por el nombre de El Niño, que afecta con especial virulencia a las costas occidentales de Sudamérica.

La época de reproducción de las iguanas marinas se prolonga durante unos tres meses al año. En este tiempo, los machos muestran conductas territoriales agresivas y las hembras excavan oquedades en las playas y otros lugares, donde guardan sus huevos durante el centenar de días necesarios hasta su eclosión. El alto nivel de protección ambiental de que gozan las islas Galápagos, un verdadero laboratorio científico para estudiar la evolución de plantas y animales, parece presagiar un futuro halagüeño para el porvenir de estas iguanas. No obstante, la introducción por el ser humano de especies exógenas, como los perros asilvestrados, ha planteado nuevos riesgos para su pervivencia.

Sin embargo, los mayores peligros provienen, nuevamente, de la contaminación ambiental y el cambio climático asociado. La especificidad y la delicadeza de las iguanas marinas quedó de manifiesto con motivo de un derrame petrolífero producido en las costas de las Galápagos en enero de 2001. Al encallar cerca de Puerto Baquerizo Moreno, localidad de la isla de San Cristóbal, el buque Jessica vertió sobre estas preciadas aguas cerca de tres millones de litros de crudo, una fuente tóxica que se cobró un alto peaje entre los animales de sus costas. Según los estudios de los investigadores, en el año posterior al accidente murieron por envenenamiento unas quince mil iguanas, lo que en algunas islas supuso la pérdida del 60% de su población.

Cetáceos y pinnípedos

Costas de todo el mundo asisten cada año a un hecho deprimente: el varamiento de cetáceos, a menudo de ejemplares individuales, pero a veces de grupos de hermosos animales que encuentran su fin por desorientación, víctimas de la creciente contaminación acústica que invade su reino marino, o acaso, como algunos han apuntado con cierta inspiración romántica, como un modo improbable de suicidio colectivo. Ballenas, delfines mulares, calderones, orcas y cachalotes se cuentan entre los desafortunados personajes de esta triste historia. Algunos de ellos merodean habitualmente por las costas; otros, como las grandes ballenas

Ejemplar de león marino de las islas Galápagos.

En ocasiones, los delfines buscan sus presas en zonas próximas al litoral.

y los cachalotes, apenas se aventuran lejos de sus queridas profundidades marinas, donde se mueven libremente en persecución del plancton o de los calamares gigantes que les sirven de alimento.

En diversos parajes naturales se conoce la afición de las orcas a rondar las poblaciones de elefantes marinos y otros pinnípedos para atraparlos al descuido en espectaculares y repentinas incursiones que terminan brevemente en la arena de la playa. Los delfines buscan también posibles presas cerca del litoral, y algunos han desarrollado técnicas de caza que los llevan a salir completamente del agua para abalanzarse sobre sus víctimas en suelo firme, del que después retroceden con lentitud y rítmicos movimientos de su cuerpo de nuevo hasta las aguas.

Entre los merodeadores comunes de las costas, aunque también transitan por el mar abierto, se encuentran los delfines mulares, de color gris en el lomo y blanco o claro en la región ventral. Dotados de un hocico corto y fuerte, y provistos de una aleta dorsal prominente, en la edad adulta llegan a alcanzar dimensiones próximas a los 4 m de longitud. Al igual que sus demás congéneres, estos delfines muestran un alto grado de socialización, como lo prueba su avanzado lenguaje que les permite comunicarse e identificarse unos a otros dentro del grupo. Las hembras se desplazan con las crías, mientras los machos suelen ejercer funciones de vigilancia y acecho.

Con una extensa distribución geográfica y una dieta muy variada, estos animales se han convertido en iconos arquetípicos de los mares, conocidos por sus portentosas aptitudes como saltadores capaces de vistosas acrobacias, que a menudo persiguen a los barcos llevados por su curiosidad. Sin embargo, esta imagen tan común en fotografías y documentales no debe desviar la atención acerca de las amenazas que se ciernen sobre ellos: algunas poblaciones, en claro ritmo de disminución, han requerido esfuerzos internacionales por recuperar su número.

Parientes de los anteriores, las marsopas son unas pequeñas ballenas de cabeza redondeada carentes del pico tan singular de los delfines. La marsopa común, moradora de las aguas litorales de los mares fríos del norte, vive sobre todo cerca de las desembocaduras de los ríos, donde abundan sus presas. Rara vez se la encuentra en aguas de más de 150 m de profundidad.

Estos animales también se mueven en grupo pero, a diferencia del delfín mular, no saltan fuera del agua. De colores más contrastados, con un azul negruzco en el lomo, se nutren principalmente de peces como arenques, anchoas y caballas. Muestran hábitos migratorios y, como los delfines y otros cetáceos, son bastante sensibles a la polución marina y a la proliferación de contaminantes acústicos (motores de barcos, equipos de sónar y otras fuentes) que los desorientan en sus amplios desplazamientos oceánicos.

En las costas más frías del planeta, tendidas sobre las rocas o abriéndose camino en el duro mundo de los hielos, diversas especies de pinnípedos poseen adaptaciones evolutivas que les permiten sobrevivir a las temperaturas gélidas del agua y del ambiente. Sobre ellas se ofrecen descripciones detalladas en el volumen de esta obra dedicado a los mares helados. Animales gregarios, de extremidades anteriores y posteriores aplanadas, torpes en tierra pero raudos y eficaces dentro del agua, pueblan las extensiones frías de la Antártida y sus archipiélagos próximos, y también se localizan en los mares árticos. Morsas, focas, lobos, leones y elefantes marinos (los de mayor tamaño) se alimentan en general de peces, moluscos y crustáceos y, en los territorios antárticos, a veces se aprovechan de la inexperiencia de las crías de pingüinos para perseguirlas y devorarlas en sus inmersiones marinas.

Algunas especies de pinnípedos han llegado a latitudes relativamente bajas, poblando también extensiones propicias de aguas templadas. Mención especial merece la foca monje del Mediterráneo, una variedad seriamente amenazada de extinción. De un tamaño moderado dentro de la familia, las focas monje o fraile miden unos 3 m en la edad

Los delfines poseen un alto grado de socialización, por lo que resulta común verlos en grupo.

Las focas, como la que se muestra en la imagen junto al buceador, son mamíferos pinnípedos que viven junto a algunas costas marinas.

adulta y pesan hasta 300 kg. Su sensibilidad a la presencia humana y a los cambios ambientales se ha explicado por el «primitivismo» de esta especie, de la que existen registros fósiles bastante antiguos. Por su carácter confiado y manso, producto de su aislamiento en archipiélagos y costas apartadas históricamente de la acción del ser humano, estos animales son muy vulnerables ante las amenazas externas. Además, habitan espacios próximos a las civilizaciones urbanas, con la carga añadida de la presión demográfica que recorta su hábitat natural y de la contaminación propia de las actividades humanas.

Hoy día, los científicos temen que la foca monje del Mediterráneo pueda llegar a sufrir el mismo destino que su pariente desaparecida del Caribe. De la especie caribeña se avistaron los últimos ejemplares a mediados del siglo XX, un par de décadas antes de que una expedición de 1973 organizada al efecto la diera por extinguida al ser incapaz de encontrar trazas de sus representantes en toda la región. De la foca monje de Hawaii, en cambio, se conserva una población satisfactoria, que goza además de altos niveles de protección ambiental.

La especie mediterránea, ya citada por Homero en el relato de las aventuras del héroe griego Ulises por toda la cuenca de este mar, apenas sobrevive actualmente en los archipiélagos griegos y turcos del Egeo, en un proceso de progresivo empequeñecimiento de su hábitat. Las grandes colonias que se extendían en el pasado a toda la costa noroccidental africana y a los archipiélagos atlánticos se han reducido a escasas representaciones en islotes, peñascos y zonas apartadas de Marruecos, Argelia y algunas plazas de soberanía española, como las islas Chafarinas. En las islas Canarias se están impulsando programas de reproducción y reinserción de este animal, cuya exigüidad le hace especialmente vulnerable a las plagas naturales (como la mortandad masiva que se produjo en 1997 en la colonia de Cabo Blanco asociada a la ingestión de toxinas de unas algas dinoflageladas) o a los desastres causados por el ser humano con sus vertidos al mar de petróleo y otros contaminantes.

Ejemplar adulto de león marino junto a una de sus crías.

FLORA EN LAS COSTAS

Las principales extensiones de plantas fanerógamas, emparentadas con las terrestres y que recolonizaron el medio marino después de haber migrado al continental, se hallan en las proximidades de las costas. Algunas, como los mangles que se enmarañan en extensos bosques para tapizar las orillas de los mares del trópico, constituyen ecosistemas de incalculable valor ecológico. Su importancia justifica que se le hayan reservado páginas especiales en la descripción de los mares tropicales, en otro lugar de esta obra.

Cerca de los litorales de los mares templados, praderas de posidonias cubren el suelo marino, acogiendo una importante variedad biológica. Refugio de peces, crustáceos y otros animales, además de vivero de multitud de especies, estas praderas submarinas de color verde oscuro se forman en fondos blandos o rocosos. En las épocas de temporales y turbulencias, muchas de sus hojas arrancadas llegan muertas a las playas arenosas, donde se depositan. No obstante, estas formas vegetales no habitan aguas excesivamente someras y se encuentran a cierta distancia del borde del mar. Tal alejamiento no impide que sean extraordinariamente sensibles a la modificación de su hábitat propiciada por la presencia humana: los vertidos industriales y urbanos están marcando un importante retroceso de esta cubierta verde submarina.

De la misma familia que las posidonias, las zosteras o hierbas de mar se diferencian de ellas principalmente por su rizoma desprovisto de hojas. Propias de suelos fangosos y arenosos en aguas de menos de 6 m de profundidad que hacen posible una fotosíntesis eficiente, también constituyen pra-

Muchas de las hojas de las praderas submarinas llegan arrastradas por las olas a las costas arenosas fruto de temporales y turbulencias.

El suelo marino de muchos litorales de aguas templadas queda cubierto por extensas praderas de algas.

deras en el fondo de aguas turbias. Centollas y cangrejos comunes son moradores habituales de los zosterales, frecuentes sobre todo en el norte del Pacífico y en las áreas septentrionales del Atlántico. De modo singular, también se conocen extensiones de zosteras en el mar Negro.

Finalmente, en las superficies rocosas del litoral medran diversas especies de algas endémicas. Entre ellas la gitanilla, de apenas un par de centímetros de tamaño, se adhiere a rocas superficiales no inmersas en el batiente de las olas. Allí desarrolla su morfología corporal en volutas de tonos claros surcadas de franjas pardas, una vistosa combinación que explica su nombre coloquial. Este dibujo sirve a los erizos de mar como base de camuflaje.

De aspecto rocoso son las variedades conocidas como alga calcárea y hoja de piedra. La primera muestra una estrecha semejanza con las piedras calizas y frecuenta zonas pobladas asimismo por erizos y esponjas, amén de otras algas. Por lo común se encostra en la roca, a la que confiere su bella tonalidad violácea. En el mismo hábitat progresa la hoja de piedra, con la que a veces se confunde, cuya resistencia a la desecación le permite mantenerse emergida durante períodos de tiempo relativamente largos.

Las propias algas sirven de entorno protector para otras variedades menores, como el alga llamada almohadilla. Ésta busca zonas protegidas, con escaso oleaje, donde se fija a las paredes rocosas iluminadas. De un color verde oscuro característico y textura suave, a menudo sirve de asiento a especies de algas rojas, otros de los habitantes comunes de los litorales rocosos de numerosos lugares del planeta.

Algas sobre el terreno rocoso de un litoral marino.

Sección III

Biodiversidad y supervivencia en las áreas litorales

IMPORTANCIA DEL MEDIO LITORAL

No es ocioso decir que las costas del mundo constituyen un hábitat de profusa riqueza biológica. La confluencia de energía, a modo de luz solar que ilumina las aguas superficiales, y de nutrientes, llegados desde las masas continentales a través de las desembocaduras de los ríos y arrastrados por las olas hasta los confines terrestres de los océanos, supone un reclamo irresistible para multitud de especies de animales, plantas y microorganismos.

Sin embargo, este entorno es movedizo, inconstante, como resulta propio de cualquier frontera. El perfil de las costas cambia de manera permanente. Baste recordar las secuelas que deja el paso de los huracanes tropicales en los litorales del golfo de México o del mar Caribe: en los inicios de otoño, cada año muchas de sus playas resultan seriamente dañadas, o incluso llegan a desaparecer de manera temporal, en el fragor del denso temporal. Sin necesidad de episodios tan turbulentos, acantilados o costas rocosas de todo el planeta retroceden amedrentadas por el azote incansable de las olas, que alcanzan una fuerza temible durante las tormentas que irrumpen desde el mar.

A la vez, los ríos aportan sedimentos y crean lenguas de tierra que se adentran en las extensiones marinas, barras móviles en sus desembocaduras inconstantes o sucesiones de bajíos e islotes arenosos enfrente de las playas. Todo ello sin contar los episodios violentos vinculados con las fuerzas telúricas: terremotos, erupciones volcánicas, hundimientos de tierras y choques de placas litosféricas a gran profundidad han alterado drásticamente el paisaje exterior desde los inicios de los tiempos geológicos.

Las costas marinas constituyen un hábitat de gran variedad biológica.

El litoral oceánico ejerce un papel de gran importancia en la cadena evolutiva de los seres vivos de su entorno.

Estas características explican uno de los rasgos comunes que distinguen a los habitantes de la orilla del mar. En su origen, ninguna de las especies a las que se adscriben nació propiamente allí. Más bien se trata de seres terrestres adaptados a las condiciones marinas, o de organismos oceánicos que han buscado la cercanía de la tierra continental por distintos impulsos y razones evolutivas, en general relacionadas con el alimento y la reproducción. De alguna forma, los seres vivos del litoral se han adaptado desde el medio terrestre o el marino para vivir en la frontera, y para ello han modificado (mediante series de mutaciones casuales que resultaron las mejores para el entorno cambiante, según la hipótesis darwinista) su anatomía, su morfología y sus costumbres en el curso de los tiempos.

La importancia del litoral oceánico en la cadena evolutiva de los seres vivos ha sido analizada, desde un enfoque novedoso, por los biólogos y geólogos en su interpretación del nacimiento de la vida en el medio terrestre. Parece aceptada universalmente entre la comunidad científica la creencia de que los primeros seres vivos del planeta surgieron en el mar. Así se desprende, al menos, del estudio del registro fósil, acumulado en estratos geológicos que se han convertido en testigos del pasado, en «libros» un tanto crípticos de la historia de la naturaleza que los investigadores aún están empezando a descifrar.

Admitida esta hipótesis, se plantea una pregunta inmediata. ¿Por qué aquellos seres primigenios optaron, en un momento dado, por abandonar el mar nutricio y aventurarse en un entorno como el terrestre, que en un principio les resultaría sumamente hostil? La supervivencia fuera del agua obligaba a una serie de cambios anatómicos en modo alguno desdeñables. En los animales, por ejemplo, la disposición de las distintas estructuras del cuerpo no ayudaba al tránsito terrestre: fuera del agua el peso aumenta, con lo que se necesita más energía para desplazarse, sin contar con que era preciso modificar sustancialmente los apéndices de locomoción (patas en vez de aletas) y la estructura ósea (los peces se arquearían si intentaran mantenerse erguidos). Tampoco era válido el sistema de respiración: en vez de filtrar el oxígeno del agua, se hacía ahora preciso aspirarlo directamente de la atmósfera mediante nuevos órganos internos especializados (por ejemplo, pulmones en vez de branquias).

Presumiblemente, las plantas fueron los primeros colonos de la tierra firme, a la que invadieron desde el mar. Allí adoptaron distintas formas estructurales, con un éxito creciente de la disposición basada en una serie de raíz, tallo y hojas como sostén de las funciones alimenticias y reproductoras. Analizando las pautas de comportamiento de los seres vivos, cabe proponer que esta colonización surgió como resultado de la competencia entre especies.

Se han propuesto varios escenarios plausibles que describen la llegada de la vida a los continentes emergidos sobre el nivel del mar. Uno de los más aceptados sugiere que este hecho no fue ajeno a la deriva de los continentes. Según una teoría geológica uniformemente aceptada, las masas continentales no siempre tuvieron la disposición geográfica que las distingue hoy en día en un mapamundi. Moviéndose sobre las placas litosféricas que flotan encima de un magma fundido y viscoso como si fueran los nenúfares de un estanque, han ido «viajando» por el globo terráqueo para adoptar diferentes configuraciones. La similitud, por ejemplo, entre las costas de África y América del sur, que parecen casar como en un rompecabezas desgajado, no es casual, según los científicos. En el principio de los tiempos ambas estaban unidas, hasta el punto de que incluso se ha llegado a sostener que el río Congo y el Amazonas parten de una misma cuenca hidrográfica primigenia.

Según esta teoría, en un momento dado las masas de los continentes tendieron a converger, formando una gran aglomeración continental, casi única, a la que los geólogos han dado en denominar Pangea. Como producto de este movimiento, las costas se contrajeron a escala mundial, con lo que su rico y privilegiado hábitat pudo pasar a ser

Los seres vivos del litoral se han ido adaptado a la vida en él a lo largo de los tiempos.

La Tierra es un ente dinámico y, por tanto, sus estructuras internas y externas están permanentemente expuestas al cambio.

Algunas teorías geológicas sostienen que la configuración actual de las costas no se corresponde con la que fue hace millones de años.

el campo de batalla de una descomunal lucha entre especies por el espacio, la energía y los nutrientes.

Los primeros colonos terrestres habrían sido, según esta visión, los perdedores en la lucha, o acaso los aventureros que se sintieron impulsados a explorar el «más allá» de su medio líquido. Sea como fuere, y de un modo que no se comprende todavía bien, lo cierto es que un buen número de plantas, y después de animales, terminaron por salir al aire libre y, con el paso de las generaciones, supieron modificar sus características corporales. Se adaptaron así a las nuevas condiciones del ambiente, a plena atmósfera y lejos del lecho salobre que los llevó a la vida. Del resto, de la riqueza de la biodiversidad terrestre, se encargó el mecanismo de la evolución.

De la tierra al mar

La tendencia «migratoria», por así decir, que condujo a la población de los continentes emergidos por especies vivas no ha sido sólo un viaje de ida. La Tierra es un ente dinámico, sometido a cambios continuos, durante largos períodos graduales pero en ocasiones muy rápidos y a veces cataclísmicos. En el planeta se encuentran, por ejemplo, cicatrices de inmensas colisiones con objetos extraterrestres, como el cráter de Chicxulub, cerca de la mexicana península del Yucatán. Según creencia generalizada entre los científicos, un asteroide o un cometa de grandes dimensiones chocó contra la Tierra en ese punto hace 65 millones de años, y los inmensos cambios que provocó el fenómeno a escala planetaria pudieron llevar a la extinción de los dinosaurios y otras muchas especies. Erupciones volcánicas de potencia inimaginable o cambios climáticos extremos también han contribuido a cambiar recurrentemente, y no de modo amable, la faz externa del planeta.

Estos episodios se han acompañado de extinciones masivas de organismos, hasta el punto de que hoy se estima que casi todas las especies que han existido alguna vez sobre la Tierra, en sus edades sucesivas, han desaparecido por completo sin dejar más rastro que una colección incompleta de fósiles. Los escasos supervivientes que llegan hasta hoy han mantenido la delgada línea de la vida a través de una conducta en permanente adaptación. Ello se observa de modo ejemplarizador en las líneas de costa, en el límite tenso entre la tierra y el mar.

Una ilustración clara de este impulso de supervivencia es el deshielo posterior a la última glaciación. El aumento de temperaturas a escala planetaria que siguió a aquel período glacial derritió una parte importante del hielo permanente alrededor de los polos y elevó de manera sustancial el nivel medio de las aguas oceánicas. Grandes extensiones entonces costeras quedaron sumergidas. Hoy forman parte de la llamada plataforma continental, uno de los entornos marinos más prósperos en vida. Un efecto aleccionador de aquel proceso es que muchas de las plantas propias del litoral de entonces quedaron sumergidas, y algunas se adaptaron para, desandando el camino de sus antepasados, volver de nuevo al mar. Tales son, por ejemplo, las posidonias y zosteras que conforman las grandes praderas submarinas próximas a las líneas de costa, donde sirven de sustento y protección de pródigos ecosistemas.

A su vez, diversos animales terrestres indagaron en el medio marino y «decidieron» quedarse en él de modo permanente. Reptiles (tortugas, serpientes y cocodrilos de mar), aves (innumerables en las colonias de los acantilados) y mamíferos (como las focas o los grandes cetáceos) optaron por regresar al medio primigenio del que partieron sus ancestros primitivos y adaptaron su cuerpo consiguientemente.

Sin embargo, una mirada atenta permite descubrir en los hábitos de los seres vivos que frecuentan las costas reminiscencias de su pasado. Las aves y los reptiles marinos no pueden poner en el agua sus huevos, que conservan la impron-

Las erupciones volcánicas son uno de los factores geológicos influyentes en la configuración externa de la Tierra.

Algunos animales, como las tortugas, han sabido adaptarse al medio marino para su supervivencia.

ta secular de su origen terrestre. Por tanto, acuden a las costas para nidificar. Algo semejante sucede con los mamíferos adaptados al mar, en particular los pinnípedos como focas, leones marinos, elefantes marinos y demás fauna emparentada. Todos ellos han de regresar a tierra para la cría. En sentido contrario, algunos cangrejos que se han adaptado para vivir en condiciones «atmosféricas» acuden al mar costero para desovar, una práctica que es, también, vestigio de hábitos ancestrales.

Este dinámico intercambio en la frontera tierra-mar no es sino una constatación evidente de la trascendencia que el litoral marino cobra en la historia de la evolución. Del reto de su naturaleza mixta térreo-acuática, con sus privilegios y sus inconvenientes, han surgido desde tiempos geológicos remotos nuevas posibilidades para la creación de especies. En ella se congregan organismos de ambas procedencias, que ofrecen a los estudiosos una oportunidad extraordinaria para comprender mejor el origen y el sentido de la vida en la Tierra.

Las aves marinas, así como los reptiles, acuden a las costas para nidificar.

Especies amenazadas, hábitat singulares y reservas marinas

En los inicios del siglo XXI, la humanidad se enfrenta a un dilema de difícil solución. La necesidad de sostener una población mundial cada vez más densa, superior a 6.300 millones de personas en los primeros años del siglo y con una proyección estimada para 2050 de casi nueve mil millones de habitantes, ha entrado claramente en conflicto con los sistemas aplicados de explotación de los recursos terrestres.

Una población humana tan elevada obliga, por una parte, a ejercer una presión extrema sobre los territorios, fértiles y menos fértiles. La demanda de alimento y agua potable, unida a un sistema económico basado en el comercio y, a menudo, en regímenes de monocultivos o explotaciones de especies comestibles limitadas por regiones, ha llevado a orientar hacia el desarrollo agrícola y ganadero vastas extensiones de suelo, privándolas de su biodiversidad natural. El riego y el consumo de agua para abastecer las necesidades domésticas e industriales han reducido los acuíferos, con el consiguiente y negativo efecto en el ciclo del agua. Algunas fuentes de aguas subterráneas, incapaces de autorregenerarse, han quedado seriamente menguadas o contaminadas.

Además, el cambio en el paisaje altera el clima. La sustitución de una superficie boscosa por terrenos agrícolas se acompaña de forma ineludible de un descenso en los índices de pluviosidad. Esta consecuencia resulta especialmente dramática en las selvas tropicales, amenazadas asimismo por el comercio intensivo de sus apreciadas maderas. Aun con las admoniciones y amenazas de sanción de los organismos interna-

La sobrepoblación mundial es uno de los aspectos influyentes en la alteración del paisaje costero.

Los vertidos industriales constituyen un serio peligro para la salubridad de los océanos.

cionales de comercio, la tala de especies arbóreas vulnerables continúa. A su vez, la quema de combustibles fósiles ligada a los procedimientos más habituales de explotación industrial ha incrementado en los dos últimos siglos de modo alarmante los niveles en la atmósfera de dióxido de carbono y otros gases de invernadero. El efecto es ya perceptible: un calentamiento global del planeta de consecuencias impredecibles a medio y largo plazo.

La situación no es mejor en los océanos. Su equilibrio y estabilidad natural se ven amenazados por los vertidos industriales y urbanos, y por la acumulación creciente de dióxido de carbono en su seno lo que, según algunos expertos, podría elevar la acidez media de los mares si se superaran los umbrales de tolerancia. En definitiva, como resultado de todos estos factores, la humanidad está asistiendo a un deterioro grave de los ecosistemas terrestres y marinos, en cierto modo como reverso del propio «éxito» de su existencia como especie dominante en el planeta.

Hoy en día es muy evidente la amenaza para la biodiversidad en la Tierra. Algunos biólogos conservacionistas advierten de que el ritmo de desaparición de especies que se produce en la actualidad podría ser comparable, o incluso superior, al de las mayores extinciones masivas habidas en tiempos geológicos pretéritos. La Tierra se está viendo sometida a un empobrecimiento biológico acelerado, con pérdida continuada de un preocupante número de variantes biológicas y una reducción importante de la población de otras muchas. La visión de inmensos grupos de bisontes en las llanuras estadounidenses, de bandadas de palomas migratorias que llenaban virtualmente el cielo y de las aguas que bullían y chapoteaban por la presencia de incontables salmones remontando los ríos es cosa del pasado. El fenómeno actual de las extinciones ha llegado a ser calificado por algunos de apocalíptico.

La constatación de esta realidad ha dado pie al surgimiento de grupos y organizaciones de defensa del medio ambiente. A partir de este impulso, los

gobiernos y las instituciones internacionales han tomado conciencia de la necesidad de dar una respuesta urgente a este problema, cuyas consecuencias en ciertos ecosistemas se antojan ya como casi irreversibles. Por una parte, numerosos países se han adherido a tratados internacionales de reducción de emisiones contaminantes a la atmósfera y de vertidos de sustancias tóxicas a los océanos. También han puesto en práctica medidas para restringir la sobreexplotación de los recursos, en particular de los acuíferos subterráneos y los bosques lluviosos del trópico. Asimismo, la disminución radical de las especies silvestres ha provocado un replanteamiento de los tratados internacionales de pesca, llevando a la protección de los caladeros y a la vigilancia y control de unas técnicas de captura que se han hecho cada vez más agresivas.

Finalmente, la respuesta a esta delicada situación ha incluido también preservar ciertos espacios de la «invasión» humana, con el fin de que en ellos pueda desarrollarse, en condiciones naturales, la vida tal como lo hiciera en el pasado en extensiones mucho más amplias. Tanto en el entorno terrestre como en el marino, ello se ha traducido en la declaración de reserva natural de determinadas zonas del planeta según los ejes de una política que, con todo, no se halla exenta de ciertas controversias y contradicciones.

La lista roja

A pesar de los grandes avances que se han sucedido en las últimas décadas, el conocimiento por el ser humano de la diversidad biológica del planeta es palmariamente escaso. En particular en el mundo de lo ínfimo persiste una infinidad de especies desconocidas o sin catalogar, que se hallan inmersas en las profundidades de las selvas, en las cuevas y oquedades del terreno, en los fondos marinos y en las grandes extensiones oceánicas o, incluso, en el subsuelo a honduras mayores de lo que nunca antes se pudo imaginar. De forma ocasional se han descubierto incluso en fechas recientes algunas especies de tamaño relativamente grande, como ciertos mamíferos en las junglas de Indochi-

Las profundidades de las selvas son uno de los lugares donde residen algunas de las especies animales que aún quedan por catalogar.

na de los que la comunidad científica no había tenido noticias previas. Todo ello impide hacerse una idea exacta del daño real que se está infligiendo al planeta en términos de biodiversidad por las actividades humanas sin control.

Sin embargo, nadie parece abrigar dudas de la existencia de este daño. En consecuencia, se han impulsado diversos proyectos científicos y de política ambiental que pretenden mensurar la magnitud del mismo, además de prevenirlo y abordar posibles soluciones a los problemas que plantea. Uno de tales proyectos es el emprendido por la Unión Internacional para la Conservación de la Naturaleza y los Recursos Naturales (UICN), con oficina principal en Suiza y sedes distribuidas por todo el mundo. A través de su Comisión de Supervivencia de las Especies, esta entidad publica periódicamente un listado de las variedades biológicas amenazadas de desaparición según distintos grados de riesgo. En esta «lista roja», como se la conoce oficialmente, se incluyen varias categorías catalogadas con los rótulos de especie «extinta», «extinta en el medio natural», «amenazada», «vulnerable» y otros inquietantes comentarios y adjetivos.

Los organismos del mar ocupan una parte importante de esta lista. En la lista roja de especies críticamente amenazadas figuran, por ejemplo, dos mamíferos marinos: la foca monje del Mediterráneo y la marsopa californiana. A ellos se unen el tiburón de Pondicherry, la variedad común del pez sierra y un fósil viviente como es el celacanto, cuyos escasos ejemplares sobreviven en aguas costeras próximas a Sudáfrica, Madagascar y Mozambique, además de junto a las islas Comores y Anjouan. Cazador nocturno que se recoge en grutas submarinas durante el día y sale de batida de noche en busca de calamares y otros peces, el celacanto ha desaparecido prácticamente de los mares y sobre él se cierne una amenaza cierta, a pesar de las medidas de protección adoptadas: la pesca de arrastre da cuenta, aunque sea accidentalmente, de sus escasos ejemplares y destruye su hábitat.

Menos halagüeño es aún el porvenir que dibuja la UICN para el tiburón de Pondicherry, cuyo entorno natural se extiende (o extendía) tanto a mares abiertos como a arrecifes coralinos y extensiones costeras, sobre todo en torno al subcontinente indio. Dada la escasez de testimonios sobre su presencia (el último avistamiento se produjo en 1979 en la India), se ha llegado a pensar incluso que podría haberse extinguido. De él quedan algunos ejemplares disecados en colecciones zoológicas, pues la especie,

El cormorán de las islas Galápagos es una de las especies amenazadas por las alteraciones de la biodiversidad.

aunque rara, se utilizó en tiempos pretéritos como cebo para atraer a formas de pesca más productivas. Acaso esta costumbre haya sido motivo importante de su depauperación, o incluso desaparición.

Las poblaciones de foca monje del Mediterráneo, de la que se habló extensamente en páginas anteriores de esta obra, gozan tímidamente de mejor salud. Su hábitat se distribuye en la actualidad por la línea de las costas atlánticas norteafricanas, el Mediterráneo y el mar Negro, donde sus ejemplares cada vez más escasos se ven sometidos a una intensa presión por la presencia próxima de importantes núcleos de población humana. Así, la degradación de su hábitat inducida por el ser humano y la mortandad accidental en acciones relacionadas con la pesca o con envenenamientos tóxicos por vertidos incontrolados son factores que contribuyen a su extrema amenaza de extinción. En este panorama, cualquier epidemia de origen natural por parásitos o microorganismos podría tener efectos irreparables para las comunidades vivas de foca monje, cuyas débiles poblaciones serían incapaces de regenerarse.

Existe otro mamífero marino que se encuentra en una situación semejante: la marsopa californiana. Esta variedad de vaca marina habitó profusamente no lejos de las costas mexicanas de Baja California y Sonora. Los informes científicos apuntan hoy a una abundancia total estimada en apenas unos centenares de individuos. Como principal origen de la amenaza que se cierne sobre estos supervivientes se sitúa su proximidad a zonas de intensa actividad pesquera, de manera que con cierta asiduidad mueren atrapados en las artes de pesca destinadas a la captura de peces, moluscos y crustáceos de la zona. El entorno de estas marsopas ha resultado además modificado de forma drástica por las obras hidráulicas realizadas en el río Colorado, en territorio de Estados Unidos.

En la lista de máxima amenaza de especies oceánicas se incluye, finalmente, el pez sierra común, que habitó en mares de los que ha sido totalmente erradicado, como el Mediterráneo y el Atlántico oriental. Apenas pervive hoy, en condiciones de vulnerabilidad extrema, en las aguas oceánicas del África occidental, donde perece como «víctima colateral» de la pesca intensiva de otras especies.

En el nivel siguiente de riesgo («especie amenazada») se encuentran cerca de una veintena de variedades biológicas marinas, algunas de ellas relacionadas con las anteriores. Casos como el de la foca monje de Hawaii, pariente de la foca medi-

La destrucción de algunos hábitat afecta a la supervivencia de determinadas especies marinas como las ballenas azules.

terránea, demuestran que la destrucción del hábitat es uno de los factores primordiales en la cadena de extinciones. Varias son las ballenas que se incluyen dentro de esta categoría: el rorcual boreal o ballena boba, los cetáceos característicos del norte del Atlántico y el Pacífico y la gigantesca ballena azul. Este último caso es especialmente sangrante: entre 1900 y 1970 se informó de la captura pesquera de más de 350.000 ejemplares del gigante de los mares, y sin duda varios centenares de miles más fueron cazados subrepticiamente o muertos por el arpón siquiera sin aprovechar. Una nota positiva en este apunte es que, a partir de la década de 1990, se ha observado una pequeña recuperación de las poblaciones de ballena azul en el hemisferio norte.

Otros cetáceos menores (delfín de Héctor), pinnípedos (león marino de Steller), peces óseos (mero de Nassau, diversas variedades de pez sierra) y cartilaginosos (raya gris, tiburón de Borneo, tiburón ángel) engrosan la lista roja de especies amenazadas de la UICN. Como hecho excepcional figura también un ave endémica del «laboratorio natural» del Pacífico sudamericano: el cormorán de las islas Galápagos. Si se extiende el espectro a las especies vulnerables o que inducen a preocupación según los datos manejados por la comunidad científica, el número de variedades catalogadas de flora y fauna que corren peligro de desaparición total a medio plazo en los mares costeros se hace intensamente desasosegador.

POLÍTICAS SOBRE RESERVAS NATURALES

La decisión adoptada por los organismos medioambientales de carácter nacional o internacional de crear reservas para la conservación de la vida silvestre obedece a un criterio muy claro: siguiendo la argumentación de numerosos científicos, sostienen que la principal causa de las extinciones de especies es la destrucción de su hábitat. Mamíferos arrinconados en lo más recóndito de los valles y las montañas, aves migratorias que encuentran desecados los humedales de tránsito en su agotador viaje entre los continentes, peces que se ven incapaces de remontar para la freza los diques y presas erigidos por el ser humano en los cauces fluviales, autopistas y otras vías de comunicación que hienden los territorios naturales de cría y alimentación y en cuyo asfalto mueren cada año miles de animales atropellados... Y todo ello sin hablar del desplazamiento permanente de las especies

Las formaciones coralinas son uno de los hábitat protegidos por los organismos dedicados a la conservación del medio ambiental.

vegetales y animales autóctonas en la competencia con el ser humano cuando éste elige su hábitat primigenio para desarrollar el cultivo, la ganadería o el comercio.

Una vez establecido el principio bienintencionado de revertir estos graves efectos mediante la declaración de reserva natural, resta definir y aplicar una buena política de «uso». Es preciso, así, que las reservas estén bien delimitadas para cubrir, en la medida de lo posible, ecosistemas completos y que sirvan de estímulo al desarrollo de las especies autóctonas, no de otras foráneas como ha sucedido en ocasiones. A veces se ha considerado que la integración del ser humano en estas reservas es un hecho «natural» positivo, ya que ayuda a mantenerlas y a cuidarlas. En otras, en cambio, la simple presencia humana desalienta la productividad de otras especies (baste recordar las frágiles comunidades de pandas gigantes en la China meridional o de linces ibéricos en el sur de España).

Normalmente, esta problemática se resuelve con la definición de varias «zonas» de reserva, donde se admiten niveles distintos de penetración humana. En las áreas de menor protección se considera útil la presencia de una cierta actividad agropecuaria o incluso turística, con el fin de recabar fondos para subvencionar el conjunto. En las de segundo nivel se admite a los equipos de investigación. Las zonas más protegidas son coto de la naturaleza en sí, con exclusión casi absoluta de la especie humana.

A lo anterior se añade la necesidad de mantener una política de reservas coordinadas. De nada sirve, por ejemplo, conservar el hábitat de cría y reproducción de las aves marinas migratorias si después se destruyen los lugares en los que se alimentan durante el resto del año. Es obligada, por tanto, la cooperación internacional, y la pléyade de organismos que intervienen en la política ambiental no siempre favorece las acciones concertadas.

Imagen panorámica del Parque Natural de Islas Medas, en Cataluña.

La protección del medio ambiental de especies en extinción es uno de los propósitos de las reservas naturales.

Así, hay quienes opinan que el número de reservas creadas en las últimas décadas es excesivo, mientras que otros abogan por definir muchas otras, al considerar que el esfuerzo realizado hasta el momento es claramente insuficiente. La confrontación de intereses políticos, comerciales y ambientales no siempre favorece un debate centrado en los términos justos. Con todo, para la elección de espacios terrestres o marinos como nuevas reservas naturales se manejan siempre, de forma combinada, varios criterios confluyentes: el grado de amenaza del ecosistema y de las especies que habitan en él, la singularidad del entorno y la utilidad que se derivaría de modificar los niveles de protección ambiental. Es en el buen equilibrio de estos criterios donde han de fundarse las elecciones sopesadas para procurar un desarrollo sostenible en el planeta.

En un esfuerzo por homogeneizar y pilotar la creación de espacios para la conservación de la naturaleza, la UNESCO (Organización de las Naciones Unidas para la Educación, la Ciencia y la Cultura) acuñó en la década de 1970 el concepto de «reserva de la biosfera», dentro del marco del programa «El Hombre y la Biosfera» (MaB, según sus siglas en inglés). Este proyecto, que perseguía «promover y demostrar una relación equilibrada entre los seres humanos y la biosfera», según el marco estatutario creado al efecto, definió estas reservas como «zonas de ecosistemas terrestres o costero-marinos reconocidas en el plano internacional».

En su propósito de alcanzar un equilibrio sostenible entre la conservación de la biodiversidad y el fomento del desarrollo económico, la UNESCO puso en marcha una Red Mundial de Reservas de la Biosfera, entidad que había declarado para los inicios del siglo XXI más de 400 espacios naturales reservados en casi un centenar de países del mundo. En la lista figuraban algunos lugares muy conocidos, como el parque estadounidense de Yellowstone o el monte Olimpo en Grecia, pero también numerosos espacios terrestres y marítimos verdaderamente necesitados de protección. Entre estos últimos figuran el archipiélago de Guadalupe; las islas de la Palma, el Hierro y Lanzarote, en las Canarias; las áreas submarinas próximas a Cozumel e Isla Mujeres, en México; el Parque Nacional Tortuguero, en Costa Rica; las islas del golfo de California, al noroeste del territorio mexicano; los parques costarricenses de Marino Ballena e Isla del Coco; la isla de Socotora, en el Yemen, y las islas Galápagos, frente a las costas del Ecuador.

Ampliamente ensalzada en la escena internacional, la Red Mundial de Reservas de la Biosfera vio reconocida su labor con numerosas distinciones, entre ellas el Premio Príncipe de Asturias de la concordia en el año 2001.

La isla de la Palma es uno de los lugares elegidos como reserva de la biosfera.

Reproducción en el litoral

Entre los seres marinos, las líneas de costa constituyen un lugar magnífico para reproducirse. Así lo demuestra la explosión de vida que anima numerosos litorales en la época de cría. Después de la invernada, las aves marinas se congregan en los acantilados ocupando la pared vertical en una sucesión interminable de nidos. Los leones marinos y otros pinnípedos acuden a tener sus camadas en las costas rocosas ya libres de los hielos del invierno. Las tortugas marinas buscan las playas idóneas para excavar un hoyo y depositar dentro sus huevos, en espectáculos grandiosos, conocidos por «arribadas», en los que participan a veces miles de hembras de estos reptiles. Algunos peces, como los gruñones, ponen sus huevos en la zona más alta de la marea, con el fin de protegerlos de buena parte de sus depredadores naturales. Otros congéneres acuden a las áreas tranquilas de estuarios y marismas, donde las aguas son dulces o pobremente salinas, como requiere su ciclo reproductor.

A todo ello debe sumarse el ritual que ejecutan las ballenas y otros cetáceos cerca de las costas cálidas de los trópicos, donde tienen a sus crías. Si se añaden a lo anterior los innumerables organismos (plantas, invertebrados, peces) que viven, mueren y se reproducen en el litoral que les sirve de morada, no resulta exagerado decir que este hábitat es uno de los más prolíficos del planeta.

Sistemas de reproducción

La observación de los mecanismos reproductores de los seres del mar muestra claras diferencias con los organismos que viven en tierras emergidas. La

Las ballenas y otros cetáceos realizan particulares rituales de reproducción en las proximidades costeras.

adscripción del ser humano a estos últimos le ha llevado a contemplar, desde una inevitable perspectiva antropocéntrica, los métodos «acuáticos» de reproducción como un tanto extravagantes, caracterizados por una sucesión de actos «copulatorios» donde a menudo no existe contacto entre los animales de distinto sexo, con miríadas de huevos gelatinosos apiñados y aparentemente frágiles, con una infinitud de descendientes de cada pareja de individuos y con el mar como «incubadora» natural de los embriones en desarrollo.

Desde un enfoque más estricto, el análisis debería efectuarse justamente en sentido contrario. La vida en el mar fue, según todos los indicios, anterior a la terrestre, y los medios reproductores de los seres «continentales» constituyen una adaptación ulterior de la estrategia marina a las condiciones de la atmósfera: de ahí la cáscara dura de los huevos de aves y reptiles, o la solución evolutiva del viviparismo (animales que paren vivas a sus crías después del desarrollo del embrión dentro del cuerpo de la hembra, como es común en la inmensa mayoría de los mamíferos). Así pues, las soluciones reproductoras de los organismos del mar, por extrañas que puedan parecer, conforman en realidad la base primera en que se sustentó la vida.

A pesar de sus diferencias orgánicas, anatómicas y funcionales, una buena parte de los animales marinos grandes y medianos (peces, moluscos, crustáceos, equinodermos, anélidos) comparten un mismo esquema reproductor. Frecuentemente, el proceso de la reproducción sexual cumple en el mar el decurso siguiente: la hembra deposita en el agua las células femeninas (óvulos, a menudo huevos propiamente dichos) y, a continuación, el macho disemina su esperma sobre dichas células, con lo cual quedan fecundadas. Este acto procreador a menudo no se sigue de una cría directa por parte de los progenitores (que a veces sí ocurre). En todo caso, es el propio mar el que ejerce las funciones de nodriza, para lo cual los lugares de la puesta deben cumplir ciertas características de salinidad, transparencia de las aguas y protección frente al oleaje o a las turbulencias del océano.

En otras ocasiones, el proceso de reproducción marino es asexual, una forma más primitiva de perpetuar la especie. En tal caso, es el mismo individuo el que se fragmenta según una diversidad de técnicas para dar lugar a otro ser individual genéticamente idéntico a él. Así se comportan, por ejemplo, las anémonas y las estrellas de mar, algunos gusanos, o también los corales en su fase de pólipo. Sin embargo, esta estrategia tiene un in-

La mayoría de los animales marinos comparten los mismos esquemas reproductivos.

conveniente: al reproducir copias genéticamente idénticas de un mismo individuo, la descendencia es más vulnerable a las condiciones externas negativas. De esta forma, una epidemia o un cambio brusco en el estado ambiental podrían provocar una mortandad generalizada.

Por este motivo, existen en el mar algunos organismos mixtos que alternan las fases asexual y sexual. Los corales son emblemáticos en este sentido. En la fase de pólipo, la que genera los «edificios» de aspecto rocoso de los arrecifes que sirve de cobijo a un rico ecosistema, la reproducción es asexual. A partir del crecimiento y multiplicación de los corales surgen colonias que viven en simbiosis con algas fotosintéticas que los alimentan energéticamente y en compañía de multitud de otras plantas y animales. En cambio, en la fase de vida libre (o medusa), estos organismos del grupo de los cnidarios «sueltan» formas transparentes y gelatinosas de sí mismos que se reproducen sexualmente al encontrarse con otros organismos semejantes. De esta forma, combinan sus genes y obtienen una descendencia más rica, diversa y, por tanto, resistente a los cambios (en caso de presiones externas de carácter extremo es más probable que algunos individuos sobrevivan).

La forma de reproducción sexual de invertebrados como los cnidarios en su fase de medusa ha movido durante largo tiempo a los científicos a una cierta perplejidad. La técnica parece bastante primitiva: como la fecundación es externa, no existe contacto físico entre los sexos, de manera que son las células germinales (masculina y femenina) las que se encuentran y se identifican mientras vagan, aparentemente sin rumbo, por el agua marina.

Resulta difícil pensar que estos encuentros entre células de distinta carga genético-sexual tengan lugar de un modo casual. Los estudios contemporáneos han descubierto un proceso, denominado quimiotactismo, que explica el éxito de esta forma de reproducción: las células femeninas contienen unas sustancias químicas que atraen a las masculinas, a veces desde distancias considerables. En un sentido amplio del término, se ha querido aplicar también al resultado de la acción de los componentes hormonales que favorecen la atracción por el sexo contrario en los animales libres (por ejemplo, las feromonas entre los mamíferos, incluido el ser humano).

En otro contexto, un error conceptual frecuente en que se incurre al pensar en las formas de repro-

Los corales combinan fases sexuales y asexuales en sus procesos de reproducción.

Ejemplar de cangrejo hembra portando huevos.

Los tiburones constituyen un ejemplo de animales no mamíferos de reproducción vivípara.

ducción es valorarlos según una escala lineal en el orden evolutivo de las especies. De manera simplificada, se tiende a pensar que los animales más simples pueden reproducirse por medio asexual o mixto (como hacen, por ejemplo, muchos gusanos o la mayoría de los cnidarios), de modo semejante a las plantas, mientras que los invertebrados complejos y los peces lo hacen por vía sexual pero sin cópula. En cambio, en los animales «superiores» (reptiles, aves, mamíferos) existe clara distinción sexual y copulación en la pareja, para concluir en el viviparismo característico de casi todos los mamíferos.

Este esquema no se corresponde fielmente con la realidad. Hay organismos vivíparos no mamíferos (como muchos tiburones), y en la mayoría de los moluscos, que son invertebrados, existe cópula interna. Entre los cefalópodos, el calamar está provisto de un órgano especializado (el octavo de sus brazos), llamado hectocótilo, mediante el cual se facilita la penetración entre el macho y la hembra. El cortejo y el acto sexual entre estos animales, desmesuradamente voraces y muy inteligentes, están imbuidos asimismo de bastante complejidad, un hecho que debe mover a plantearse estas cuestiones desde un punto de vista más amplio, y liberado de los prejuicios que atenazaron algunas de las descripciones clásicas del mundo animal.

LA DEFENSA POR EL NÚMERO. Otro hecho que sorprendió a los primeros naturalistas de la historia era el descomunal número de huevos de la puesta de los animales marinos. Acostumbrados a observar el mundo de los mamíferos, donde las camadas son bastante reducidas, o las numéricamente modestas nidadas de las aves, las masas de huevos de peces e invertebrados revelaba un modo muy distinto de afrontar las posibilidades de supervivencia.

No es ajeno a este hecho el enfoque adoptado por estas distintas especies frente a la cría. Cuando los progenitores cuidan de sus descendientes en las primeras fases de su vida (los mamíferos de sus cachorros, las aves de sus polluelos), alimentándolos de modo «personal» (lactancia en los primeros, regurgitación en las segundas), las crías tienen más probabilidades de sobrevivir individualmente. En cambio, si los «padres» no vigilan a su prole, la mejor solución de supervivencia es que el nacimiento sea multitudinario.

Es evidente que una cría de tortuga marina, el alevín de cualquier pez de roca o las larvas de un gusano que pasa la mayor parte de su tiempo enterrado en la arena intermareal tiene muchas menos posibilidades de llegar a la fase adulta que un «bebé» de foca. Se ha estimado que sólo una de cada mil tortuguitas nacidas en las playas del trópico llega a la edad adulta en el seno del océano. Algunos sitúan esta tasa de supervivencia en valores todavía inferiores. A su vez, las larvas de invertebrados son un alimento preciado para peces, aves marinas e invertebrados de otras muchas especies. Los alevines y juveniles perecen fácilmente en un mundo acuático regido por la máxima de que «el pez grande se come al chico». Sólo dando luz a un gran número de descendientes se puede mitigar esta dura estadística.

Sin embargo, tal descripción de los hechos es de nuevo un tanto general y simplificada. Cierto es que ningún invertebrado marino da a sus huevos el mismo cuidado que un ave en el nido del acantilado, pero en muchas ocasiones los progenitores no se desentienden, en modo alguno, de su prole. Así, los pulpos hembra depositan varios centenares de haces de unos diez a cincuenta huevos sobre un objeto sólido y extienden por encima de ellos una sustancia gelatinosa protectora que se endurece al contacto con el agua. Hasta que los huevos eclosionan, las hembras permanecen cerca de las futuras crías, manteniendo el lugar cuidado y limpio, y regando los huevos con chorros de agua que eyectan desde el interior de su propio organismo.

También existen peces que velan por sus huevos y, después, por las crías. Es llamativo el caso del salmonete real, un pez de roca que prefiere profundidades de entre diez y veinte metros y que se distingue por un color anaranjado que vira a rojo en la aleta caudal. Estos peces no sólo se reproducen por fecundación interna, sino que después el macho se guarda los huevos en la boca hasta que eclosionan. Durante este período, además, se abstiene de alimentarse. También es frecuente la existencia de

Imagen de numerosas crías de calamar nadando sobre anémonas.

Los patrones de reproducción de las ballenas son de características muy singulares.

«guarderías» de peces, bancos de pequeñas crías atentas a las llamadas de atención de sus adultos en caso de peligro. Todo ello no lleva sino a constatar la gran riqueza y diversidad que encierra la vida en cualquiera de sus aspectos.

En el extremo contrario, al menos en lo que a relación de tamaños se refiere, las grandes ballenas muestran igualmente conductas reproductoras bastante singulares. Muchas de ellas acuden desde las latitudes frías en las que se alimentan durante el resto del año a las aguas tropicales y subtropicales para tener a sus crías. Así sucede, por ejemplo, con la ballena gris, presente durante los meses invernales en las bahías y las aguas relativamente someras de la península mexicana de la Baja California. Según estimaciones científicas, hasta el 90% de la población mundial de esta especie podría reunirse en este espacio para la cría.

Después de un cortejo muy elaborado, las hembras preñadas escogen un lugar tranquilo del océano para que nazca el ballenato, al que cuidan con dedicación hasta que lo consideran capaz de valerse por sí solo. El lazo entre la madre y la cría es tan intenso que en tiempos pasados era aprovechado por los barcos balleneros para cobrarse su presa. Si se presentaba la ocasión, arponeaban al ballenato, asegurándose así de evitar la huida de la madre. Ésta, a la que verdaderamente codiciaban, era incapaz de abandonar a su cría herida, aunque fuera mortalmente.

Los ciclos de la reproducción

El denodado esfuerzo de numerosas generaciones de científicos ha permitido desentrañar algunos de los secretos del complejo ciclo de la reproducción en el medio marino. Ha permitido saber, por ejemplo, que las especies de litoral no siempre tienen en su primera infancia un aspecto semejante a sus progenitores. Multitud de invertebrados nacen en estado larvario, del que a primera vista nadie deduciría su relación con la especie adulta.

Las larvas obtienen su alimento y energía de fuentes distintas de las de sus padres, con lo cual han de disponer de una estructura orgánica adaptada a este propósito. Es corriente, por ejemplo, que cuenten con órganos locomotores que les permitan desplazarse libremente a nado, mientras que en la fase posterior de su vida se fijarán al sustrato, se enterrarán o se arrastrarán pesadamente sobre el fango en el que pasarán el resto de su existencia.

Cuando han reunido ya la suficiente fortaleza corporal, estas larvas se preparan para adentrarse en la edad adulta. El cambio de aspecto que ello requerirá implica una transformación, o metamorfosis, que dará origen a un ser marcadamente diferente en su conformación interna y en la disposición de su estructura corporal.

El ciclo de la reproducción desde el huevo hasta la fase adulta, pasando por la etapa larvaria, adquiere una complejidad mayor en el caso de algunos cnidarios, como son los corales. Se ha indicado ya la alternancia de fases asexuales (pólipos, fijos en los arrecifes) y sexuales (medusas) de estos raros animales marinos. Cuando una medusa madura hasta el estado fértil, pone huevos que, después de atravesar por varias fases larvarias, terminan por convertirse en pólipos inicialmente solitarios.

Una vez que estos pólipos han encontrado un sustrato sobre el que fijarse, desarrollan unas yemas en las extremidades que darán origen a nuevos individuos por un proceso de gemación (asexual). Así, se va formando una nueva colonia de la que, en un momento dado, surgirán otras medusas que nadarán libremente hasta madurar y encontrar un nuevo espacio donde diseminar sus huevos.

No menos complejo resulta el ciclo reproductivo de las esponjas, animales del grupo de los poríferos. Su reproducción asexual se ha aprovechado comercialmente para fabricar esponjas de baño. La sexual tiene lugar a través de un «viaje» solitario de las células germinales masculinas, que terminan por fecundar a otras esponjas. Se forma así un huevo del que nace una anfiblástula (blástula hueca), capaz de nadar libremente hasta fijarse al fondo. A partir de ella se desarrollan, sucesivamente, la fase juvenil y adulta de la esponja.

Los ciclos reproductivos de algunos cnidarios, como los corales, adquieren cotas de complejidad bastante elevadas.

Los parsimoniosos crustáceos que rondan por las costas siguen un proceso de reproducción bastante complicado. Así lo ilustra, por ejemplo, el caso del camarón. Después de una puesta masiva, que puede superar los 200.000 huevos de tamaño minúsculo, nace una larva muy simple (nauplio) con un ojo central y varios pares de apéndices natatorios. Esta forma primigenia se va enriqueciendo con nuevos apéndices y segmentos corporales, mientras aumenta de tamaño. Al fin, la fase larvaria concluye con una metamorfosis, de la que renace una forma juvenil que se desarrollará en la fase adulta.

Sin embargo, con ello no termina el ciclo del camarón. A lo largo de su vida, y al igual que sucede con otros crustáceos, deberá mudar de cubierta. Como posee un caparazón externo rígido y de textura quitinosa, al aumentar de dimensión no «cabrá» dentro, y deberá desprenderse de él y fabricarse uno nuevo. Este proceso recibe el nombre de muda y coincide con los períodos de máxima vulnerabilidad de estos animales.

En el dominio de los peces se producen otros casos singulares dignos de mención. Uno de ellos es el de la especie conocida por chivo o chivato, semejante a los salmonetes. Estos peces costeros ponen unos huevos de gran flotabilidad, por lo que se dispersan mar adentro arrastrados por el viento y las olas. Allí ganan en densidad específica y se hunden al fondo, donde nacen las crías. Dotados de gran agilidad y aptitudes natatorias, estos pequeños peces deberán sobrevivir en su entorno natal mientras inician el viaje de regreso hacia las zonas litorales en que pasarán la mayor parte de su tiempo de adultos.

Los citados son únicamente algunos casos representativos, a veces extremos, de la adaptabilidad que rige el comportamiento de las especies en momentos diversos de su vida. Pueden encontrarse ciclos semejantes de la reproducción en la gran mayoría de los invertebrados, en cuyo grupo los organismos cambian drásticamente de estructura y función según la fase vital y las condiciones del entorno en que se encuentran. Reptiles, aves y mamíferos muestran aspectos más estables, con diferencias claras entre crías, jóvenes y adultos que, no obstante, se centran más bien en características menores, como el plumaje y la piel. Todos estos cambios vienen a reflejar la inmensa variedad y multiplicidad de la vida y de sus formas de las que muchas veces los científicos, sobre todo en el hábitat marino, no consiguen vislumbrar sino breves atisbos y visiones bastante fragmentarias.

Las esponjas, pertenecientes al grupo de los poríferos, se caracterizan por un sistema reproductivo bastante complicado.

Los crustáceos son otros de los animales cuya etapa reproductiva no se caracteriza por su simpleza.

El ritual reproductor de las tortugas

Hubo un tiempo en que las tortugas dominaron el mundo. Tras la extinción masiva de los dinosaurios, hace unos 65 millones de años, estos reptiles del grupo de los quelonios encontraron en su voracidad y en la dureza de su caparazón unos medios para diseminarse por el planeta como nunca antes lo habían conseguido... y como nunca después podrían repetir. Esta efímera «era de las tortugas» daría paso finalmente al reinado de los mamíferos, que terminaron por enseñorearse de la superficie terrestre y ocuparon también el mar, con el ser de mayor volumen que se ha conocido en la historia terrestre: la ballena azul.

Hoy, en cambio, las tortugas parecen seres antiguos y vulnerables. Cierto es que sus especies aún abundan, tanto en el medio sólido como en el acuático. El ingenio evolutivo de su caparazón sigue protegiéndolas razonablemente bien de sus depredadores, y su acusada longevidad, de más de un centenar de años en varios de sus grupos conocidos, es un rasgo positivo para su perpetuación. Sin embargo, las tortugas terrestres resultan exageradamente lentas para un planeta donde las especies compiten por un espacio vital cada vez más reducido.

No puede decirse lo mismo de las tortugas marinas, que alcanzan velocidades considerables dentro del agua gracias a sus excelentes aptitudes para la natación. Pero ellas también tienen un eslabón débil relacionado con su origen terrestre: por las características de sus huevos, están obligadas a

Las tortugas marinas alcanzan elevadas cotas de velocidad en sus desplazamientos acuáticos.

Las tortugas marinas tienen la costumbre de acudir a anidar en tierra firme.

volver recurrentemente a las playas para desovar. La abundancia de depredadores y, en las últimas décadas, la drástica disminución de sus reductos de cría, ha llevado a una situación preocupante que las autoridades políticas y los equipos científicos pretenden resolver en un esfuerzo concertado de conservación. Ello invita a observar con nuevos ojos el ritual reproductor de las tortugas.

El hecho sustancial de la puesta de estos reptiles es la naturaleza de sus huevos. De cubierta dura y correosa, estas masas esféricas y de textura suave, un tanto apergaminada, acogen en su interior espacio suficiente para el desarrollo del embrión, junto con el vitelo y el líquido amniótico que permiten su supervivencia hasta el momento en que la cría ve la luz. Esta peculiar estructura protege a los huevos de tortuga de la deshidratación, objetivo que persigue también la madre al preparar el nido de la puesta, una oquedad con forma de cántaro que permite que «respiren» e impide que se aplasten unos contra otros.

La costumbre de las hembras de tortuga de anidar en tierra para depositar los huevos depara un espectáculo ciertamente singular. Resulta conmovedor contemplar a estos grandes reptiles arribar a una playa y trepar con esfuerzo y lentitud por su pendiente hasta encontrar un sitio idóneo para la puesta. Tanto este lugar como el momento adecuado varían de unas especies a otras, pero es bastante común que los miembros de una misma especie realicen puestas masivas en espacios preestablecidos, a imitación de las aves de los acantilados o de los leones y elefantes marinos en las frías latitudes del hemisferio austral. Al igual que en estos casos, las congregaciones de tortugas se preceden de migraciones a gran escala, de varios centenares e incluso miles de kilómetros, hasta el escenario más propicio: a menudo, las costas de las islas y las tierras continentales de las aguas del trópico.

La exactitud de estos viajes no deja de sorprender a los científicos. Las labores de seguimiento de las tortugas hembra de ciertas especies han demostrado que estos animales regresan, un año tras otro, al mismo lugar de puesta, e incluso que emergen en la playa a distancias que se encuentran separadas apenas por unos centenares de metros del lugar elegido en la puesta anterior.

La tarea que espera a estos voluminosos quelonios después de tan largo viaje les resulta enormemente agotadora. En las inmediaciones de la zona de puesta, las hembras son fecundadas por los machos, que se reúnen con ellas y las sujetan con fiereza mediante las aletas anteriores durante la cópula, mientras ellas adoptan una actitud pasiva. Posteriormente, las hembras fecundadas se trasladan a la playa escogida, que suele distinguirse por una serie de características típicas en su orografía y orientación. Así, las costas arenosas donde desovan las tortugas suelen ser playas abiertas y continentales, más bien aisladas, con oleaje limitado o moderado y pendiente no muy acusada. Aun con estas condiciones, el ascenso por la ladera del litoral no está exento de dificultades para estos animales.

Las tortugas marinas, ágiles en las aguas, han de vencer en tierra con su pesado cuerpo la fuerza de la gravedad, que las retiene contra el suelo, y avanzan con lentitud exasperante, cegadas por la arena y acosadas por el intenso calor solar. Al fin, cuando encuentran su destino, excavan un hoyo (el nido) donde depositan normalmente más de un centenar de huevos fértiles. En contra de lo que podría pensarse en un principio, esta acción no es única, dado que las hembras repiten la puesta hasta más de diez veces en un plazo de unas semanas, dependiendo de la especie y del estado de salud del animal. En sentido contrario, en el plano individual las hembras de tortuga no se acercan anualmente a la zona de nidificación, sino que dejan transcurrir varios años entre puestas sucesivas.

La dramática carrera hacia las aguas

Es común que las tortugas marinas desoven en grupo. Los ejemplares de tortugas oliváceas acostumbran a depositar sus huevos en una acción a gran escala en la que pueden participar miles o decenas de miles de hembras simultáneamente. Este

La agilidad con que las tortugas marinas se desenvuelven en el agua se torna en torpeza cuando éstas pasan al medio terrestre.

hábito responde casi con toda seguridad a una estrategia adaptativa. En los lugares donde nacen las crías abundan los depredadores. Así, si la eclosión de los huevos es multitudinaria, muchos de los recién nacidos tendrán la oportunidad de llegar hasta las aguas antes de caer en las fauces de alguno de los cazadores que los aguardan impacientes. Muchos perecerán, pero el número de los supervivientes será mayor que si la puesta fuera en solitario.

El camino de una cría desde el huevo hasta el mar está erizado de peligros. En primer lugar, al romper el cascarón, las tortuguitas han de orientarse dentro de la arena y excavar hacia arriba hasta llegar al aire libre. Esta labor puede llevarles varios días, al cabo de los cuales suelen elegir con cuidado el momento óptimo para iniciar su carrera (multitudinaria) hasta las aguas. Por el calor que despide la arena, prefieren emprender esta carrera de noche o en condiciones de tormenta.

Las crías de tortuga buscan su camino solas, sin la compañía de un adulto. Corren, así, ciegas e inexpertas, hacia el resplandor que vislumbran y reconocen como el mar. Si logran alcanzarlo, se sumergen en una frenética acción contra las olas para ganar las profundidades marinas, de nuevo un esfuerzo que exige gran fortaleza y dedicación. Así lo harán unos cuantos afortunados, porque en una alta proporción los animalillos no logran completar la senda desde el nido hasta el océano.

Aparentemente, el momento de la puesta está regido por las fases lunares, por lo que en cierto modo es predecible. Si las pequeñas tortugas llevan impreso en su código genético el comportamiento que han de seguir para ganarse el mar, otros animales al acecho saben bien lo que tienen que hacer. Así, es común que numerosas aves, como pelícanos o garzas nocturnas, estén normalmente preparadas en el momento cumbre de la carrera hacia el océano. Los pequeños quelonios se apresuran en tropel en dirección a las olas, y estas y otras aves los diezman capturándolos con el pico a toda velocidad. Depredadores de distintas especies de aves y mamíferos se unen al festín.

Este episodio, tan cruento como espectacular, tiene su colofón ya dentro del agua. Lejos de estar a salvo de peligros, las pequeñas tortugas que la alcanzan han de sortear aún el acoso de nuevos enemigos. Tiburones, especies de cocodrilos de los mares del trópico (capaces de dar muerte también a las tortugas adultas) y otras muchas variedades de peces acechan a las supervivientes del primer y apresurado tramo.

Las crías de tortugas emprenden su camino hacia el mar en solitario, sin la compañía de ningún ejemplar adulto.

A esta mortandad deben añadirse los huevos perdidos, ya sea por falta de condiciones adecuadas para la incubación o por la acción de otros animales que ingieren su apreciada y nutritiva sustancia embrionaria. En el grupo de «ladrones de huevos» participan animales de una amplia gama biológica, desde hormigas hasta diversas especies de cangrejos. Engrosan también la lista algunos mamíferos advenedizos que, como los mapaches y los jabalíes, se acercan de vez en cuando a la costa en busca de su alimento. El resultado final es una muestra clara del proceso de selección natural: según las estimaciones de los biólogos, poco más de una tortuga de cada mil concebidas alcanza la edad adulta.

La época actual entraña aún nuevos problemas para la reproducción de estos reptiles. La creciente ocupación de las costas tropicales por el ser humano ha reducido su hábitat de cría, invadido por instalaciones costeras y balnearios turísticos. El ser humano es asimismo uno de los más eficaces depredadores de estas especies: en alta mar, las caza inadvertidamente en las redes de pesca; en tierra, el apresamiento de las esforzadas tortugas en las playas de desove y la extracción de sus huevos es una tarea sencilla, al alcance de prácticamente cualquier persona que pase por el lugar.

Para hacer frente a estas amenazas se han creado zonas protegidas bajo la gestión de autoridades nacionales e internacionales. No obstante, tampoco esta estrategia parece haber puesto término a los riesgos a que se enfrenta la continuidad de estas especies. El cambio climático global detectado en las últimas décadas, que lleva a un calentamiento a escala planetaria, podría afectar gravemente el porvenir de las tortugas.

El peligro reside en el mecanismo de selección del sexo en estos animales. En un principio, la fecundación no determina el género y los embriones pueden adoptar la condición de macho o hembra según las condiciones ambientales en que se desarrollen. Por debajo de los 28 °C de temperatura, todas las crías nacidas serán machos; tal sucedería en estaciones de cría inusualmente frías. En cambio, para temperaturas externas superiores a 30,5 °C la inmensa mayoría de los nacidos son hembras. Entre ambos umbrales térmicos, la población de tortuguitas está más o menos equidistribuida por sexos.

La amenaza que se asocia a este comportamiento es bastante evidente. Un proceso de calentamiento progresivo de los ambientes donde desovan estos animales podría determinar sesgos en la identidad sexual de las crías (con tendencia a que nazcan mayoritariamente hembras), lo que podría suponer un serio obstáculo para la fecundación en las siguientes generaciones. Este simple hecho explica la vulnerabilidad que distingue hoy a unos animales cuyos primeros especímenes se remontan al menos a 200 millones de años de antigüedad.

El cambio climático global es uno de los más acérrimos enemigos de la supervivencia de las tortugas marinas.

PECES Y AVES COSTERAS: ENEMIGOS ÍNTIMOS

Las marismas y las zonas de estuario acogen una rivalidad extrema entre los representantes de dos grupos de vertebrados marinos: las aves y los peces. La estampa de las gaviotas costeando los mares o de las aves zancudas caminando con paso cadencioso por las zonas de aguas turbias y someras de las marismas del litoral son ejemplos vivos de esta secular enemistad. A menudo, los peces son los objetivos predilectos de las aves marinas, pero en ocasiones el antagonismo se extiende también a la competencia por la captura de otras presas.

En pocos lugares se observa este fenómeno como en los estuarios, entornos de encuentro de los ríos con el mar que son particularmente ricos en nutrientes. Las poblaciones estuarinas son, como se ha explicado en otras páginas de esta obra, muy diversas y abundantes, ya que la turbiedad intrínseca de las aguas conlleva un aporte de nutrientes de gran aprovechamiento para numerosos seres vivos. Este hábitat productivo acoge así una multiplicidad de peces y aves marinas y costeras, todos ellos en busca de su propia supervivencia.

Muchos de los peces que frecuentan las marismas de la costa llegan allí al albur de las mareas, que penetran tierra adentro durante las pleamares. En estas aguas superficiales se nutren de multitud de invertebrados, como moluscos, caracoles y gu-

La presencia de gaviotas en el entorno costero constituye uno de los peligros para determinadas especies ictiológicas.

sanos marinos de diversas especies. Pero, en su incursión, algunos peces adultos pueden ser engullidos por las aves predadoras que patrullan la zona. Lenguados, platijas, sollas o salmonetes de fango se convierten así de cazadores en presas, atrapados por gaviotas, pelícanos, águilas pescadoras o aves zancudas de distintas especies.

No obstante, el principal peligro que amenaza a los peces en las zonas pantanosas del litoral se relaciona con el momento de la reproducción. No son pocas las especies que optan por realizar la puesta de sus huevos en los estuarios. Esta práctica, que obedece a códigos ancestrales de comportamiento y que se repite cada temporada de cría, atrae a numerosos ejemplares de garzas, garcetas y otras aves que acuden en tropel a las marismas siguiendo los ciclos de las mareas. Sus víctimas son los pequeños huevos o los alevines de peces, en una primera y dramática selección natural de sus especies.

El ritmo de las mareas en las zonas de marismas ofrece algunas exhibiciones grandiosas. Las bandadas de aves que sobrevuelan la costa reúnen a centenares y a veces miles de individuos en pos de los bancos de peces o de los parches de tierra que quedan expuestos al aire o bajo escasos centímetros de agua. En ellas tiene lugar otra eficaz muestra de las artes de la caza. Correlimos, archibebes, chorlitos, chorlitejos y otras especies aguardan con paciencia a que se retire la marea, para luego escarbar en el fango reciente con sus picos especializados. Anélidos, moluscos y pequeños crustáceos se sitúan entre sus platos preferidos, a menudo en estrecha competencia con los peces adultos que se benefician también de estas mismas fuentes de alimento.

La franja de costa es escenario de otra lucha similar. Allí las aves han aprendido a zambullirse en las aguas desde alturas a veces considerables, a chapotear sobre la superficie líquida detrás de sus presas o a bucear con pericia hasta conquistar el preciado tesoro. Las golondrinas de mar, excelentes oteadoras del hábitat marino, se dejan caer desde lo alto y, cuando tienen éxito en la captura, engullen en pleno vuelo los peces que acaban de atrapar por sorpresa. A su vez, cormoranes, alcas y frailecillos se zambullen dentro de las aguas y se impulsan con las alas a modo de aletas natatorias persiguiendo con tenaz insistencia al pez en el propio medio acuático.

Cerca de las playas, así como en las marismas y los esteros, las gaviotas exhiben la conducta típica del

Las zonas pantanosas de los litorales suelen ser frecuentadas por ejemplares de garzas.

ave oportunista. Apenas dejan escapar cualquier posibilidad de materia orgánica que pueda servirles de nutrientes, desde los desperdicios humanos hasta la carroña desperdigada por la arena o el fango. Aunque comen huevos, pichones y otras crías, además de plantas e invertebrados, encuentran en los peces uno de sus bocados predilectos. Así, han aprendido a lo largo de su historia evolutiva a dominar el medio acuático y, provistas de patas palmeadas, se posan sin dificultad sobre el espejo de agua para descansar. Pero desde la altura, en su vuelo elegante y altamente especializado, no dejan de otear las capas superficiales del océano, prestas siempre a dejarse caer sobre cualquier pez descuidado que no se haya percatado de su presencia.

Sin embargo, acaso la imagen más extraordinaria de este titánico combate por la supervivencia la ofrezcan los alcatraces, unas aves de cerca de un metro de altura y con excelentes dotes para volar. De vistosa figura, predominantemente blanca con ribetes negros en los extremos de las alas y una especie de antifaz cubriéndoles los ojos, estas voluminosas aves se precipitan sobre el agua a toda velocidad, en caída libre y con las alas cerradas, desde alturas que superan a veces los cincuenta metros. La dureza del golpe contra la superficie del océano y la esbeltez con que remontan luego el vuelo hablan de la gran fortaleza de estos animales.

El espectáculo que deparan no es sólo un regalo para la vista. Los pescadores conocen sus gustos por las sardinas y las anchoas, e históricamente los escogieron como «amigos» ocasionales para descubrir los densos cardúmenes de estos peces cerca de las costas. La visión de un alcatraz zambulléndose en el océano suele ser el preludio de una buena pesca, y un signo más de la secular rivalidad que entablan peces y aves marinas en el fecundo límite de la tierra y el océano.

Los frailecillos son capaces de zambullirse en el agua y perseguir a su presa con tenaz insistencia.

El cormorán de doble cresta es un enemigo declarado de los peces del entorno costero.

Cetáceos y delfines: a morir en tierra

No es frecuente que los grandes mamíferos marinos que surcan los mares terminen sus días en el borde del mar. Ballenas, cachalotes, orcas, delfines, calderones y marsopas cumplen su ciclo vital normalmente en el medio marino, y sus restos exánimes se hunden hasta el fondo, donde son pasto de otros animales y de microorganismos descomponedores que aprovechan la pródiga mezcla de nutrientes que integran su cuerpo yerto.

Sin embargo, en ocasiones las carcasas de estos mamíferos marinos arriban hasta la costa, arrastradas por las olas y las corrientes. A menudo, los varamientos corresponden a cetáceos ya muertos, viejos o gravemente enfermos. Pero a veces las causas son otras. En cualquier caso, el estudio de estos desgraciados sucesos permite obtener datos acerca de las causas de muerte de estos animales. Con frecuencia, el episodio refleja simplemente la terminación de su ciclo de vida, pero en ciertas ocasiones la muerte sobreviene por heridas, intoxicaciones o accidentes provocados directa o indirectamente por el ser humano.

A modo de ejemplo, la autopsia realizada a una ballena varada en la costa del Cantábrico español a finales de la década de 1990 llevó a descubrir que había perecido asfixiada por obstrucción del píloro: se había tragado un plástico, en torno al

Ejemplar de delfín arrastrado hasta la orilla de una costa por las corrientes marinas.

Esqueleto de una ballena jorobada sobre la arena de una playa.

cual se apelmazó una bola indigerible que terminó por impedirle comer. Débil y exhausta, embarrancó en la arena y se asfixió aplastada bajo su propio peso.

Más desconcertante aún es la llegada al litoral de cetáceos perfectamente sanos que quedan varados en sus aguas superficiales. ¿Cómo unos animales adaptados al medio marino pueden perder la orientación de tal modo que arriban al lugar equivocado en el peor de los momentos? Aunque históricamente se ha especulado con algunas posibles motivaciones de índole un tanto sentimental (con la acuñación, por ejemplo, de la dudosa expresión «suicidio de cetáceos»), las investigaciones apuntan más bien a un deterioro de su sistema de ecolocalización u orientación debido a causas ajenas a su comportamiento habitual.

Se conocen varamientos de grandes cetáceos desde tiempos antiguos a los que nunca se ha conseguido dar una explicación prístina e indubitable. Se ha especulado con que ballenas, delfines y marsopas podrían caer en situaciones de pánico al sentirse acosados por cazadores u otros depredadores, o por grandes tormentas o movimientos sísmicos submarinos (comportamientos semejantes se han observado en los mamíferos terrestres). Así se explicaría que estos cetáceos terminaran por caer en la trampa mortal de las aguas de escasa profundidad. También se ha sostenido que los cambios ligeros que se producen en el campo magnético terrestre podrían desorientar a los mamíferos marinos. O, al cabo, que las enfermedades auditivas en un sistema de localización tan sensible como el suyo pudieran tener consecuencias funestas para los individuos de estas bellas especies.

Sin embargo, la creciente incidencia del fenómeno y el vínculo que se ha establecido más de una vez con la realización concurrente de maniobras militares y explotaciones petroleras parecen apuntar en otra dirección. Bastantes de estos embarrancamientos en la arena tienen lugar en grupos de cetáceos. Los más gregarios de estos animales, como por ejemplo los delfines mulares, los calderones y otras especies dentadas, son más vulnerables a estos «fallos» colectivos. Acaso la desorientación del guía lleve a todos al lugar equivocado y a un riesgo real de muerte prematura. Además, parece que un sentido de la solidaridad exacerbado les impide abandonar a un miembro herido o en apuros dentro del grupo. A veces ello supondrá la desaparición de todos.

Los animales varados a menudo no son capaces de volver al mar. Los más afortunados se topan con litorales de alta variación de las mareas, de modo que con la pleamar se ven ayudados por el aumento súbito de la profundidad y resuelven felizmente su embarazosa situación. Sin embargo, es bastante habitual que estos cetáceos terminen por perecer, víctimas de quemaduras solares, de hipertermia o de inanición. La gran tensión que los abruma en su difícil trance actúa como otro posible factor desencadenante de un desenlace mortal.

La contaminación acústica de los mares

Estudios específicos realizados a finales de 2001 por investigadores de la marina de Estados Unidos parecían confirmar las sospechas de que los varamientos colectivos de cetáceos (no los individuales, que responderían a causas naturales) podrían estar relacionados con la actividad humana en el océano. No obstante, apuntaron una dinámica de los hechos diferente a la simple desorientación que, según se suponía, podría aquejar a estos animales por el daño acústico recibido. Según tales estudios, las maniobras militares con detonaciones submarinas o uso intensivo de ecos sonoros (sónar) para localización de los objetivos ahuyentan a los cetáceos, que optan por huir y refugiarse a mayores profundidades. Un proceso similar sucedería con la nada silenciosa actividad que se asocia a las plataformas e instalaciones de extracción de petróleo y minerales del lecho marino.

A consecuencia de esta supuestamente frenética huida hacia el fondo, ballenas y demás grandes cetáceos podrían padecer un problema orgánico similar a la «enfermedad por descompresión» que

Las plataformas petrolíferas marinas son una de las causas de la contaminación acústica de los mares.

Diferentes organismos han intentado promover campañas para la reducción de la contaminación oceánica en favor de los cetáceos.

La contaminación acústica puede ser uno de los causantes de la pérdida de orientación de algunos cetáceos que acaban arribando a las costas.

tan bien conocen los submarinistas humanos. Por efecto del aumento súbito de la presión exterior (que se incrementa rápidamente con la profundidad), el nitrógeno que inhalan los mamíferos marinos en sus emersiones al contacto con la atmósfera abandonaría los pulmones del animal para extenderse por el torrente sanguíneo, en un fenómeno tanto más acusado cuanto mayor es la fuerza de la inmersión.

La consecuencia de este cúmulo de factores sería enormemente negativa y similar a la observada en la enfermedad humana: obstrucción de los vasos sanguíneos, graves lesiones del sistema nervioso y profunda desorientación, debilidad y pérdida del sentido de la posición en el océano. El varamiento sería el último eslabón de esta trágica cadena.

El argumento de la marina estadounidense fue rebatido en sus detalles por un estudio publicado en septiembre de 2004 por la británica Sociedad para la Conservación de Ballenas y Delfines. Para los expertos del Reino Unido, el motivo del embarrancamiento de cetáceos en las playas es un resultado directo de la pérdida de la capacidad auditiva, derivada de la contaminación acústica. La polución sonora de los mares interferiría así, gravemente, en sus sistemas de localización y en la comunicación entre los distintos congéneres, con las consecuencias que se adivinan.

A pesar de sus diferencias de interpretación, el estudio británico de 2004 coincidía con el informe estadounidense en señalar a la presencia tecnológica de la especie humana en los mares como responsable última de buena parte de los accidentes sufridos por ballenas, delfines y marsopas cerca del litoral. Como colofón a sus conclusiones, la Sociedad para la Conservación de Ballenas y Delfines recalcó la urgente necesidad de impulsar una campaña multinacional para reducir la contaminación acústica en el seno de los océanos. Pretendía con ello aliviar el proceso por el cual, en las últimas décadas, los mares se han visto sumidos en un ritmo progresivo de «ensordecimiento» atribuible a la invasión de artilugios humanos.

El socorro de los animales varados

El triste espectáculo de contemplar magníficos ejemplares de cetáceos varados en las playas mueve sin duda a compasión. Muchos de los animales que quedan atrapados en las aguas superficiales de la costa llegan enfermos o exhaustos, y poco puede hacerse por su vida. En algunos casos, sin embargo, se trata de accidentes recuperables, en los que una acción humana responsable y coordinada puede devolver a la víctima la vida y la libertad.

Existen en todo el mundo numerosas agrupaciones de defensa de la naturaleza que se preocupan por los fenómenos de varamiento. Como una parte importante de sus actividades, se dedican a estudiar las causas de estos episodios, y fueron ellas las que dieron las primeras voces de alarma al calificar a algunas de las costumbres de la navegación de altamente perniciosas para los delicados sistemas de orientación y comunicación de los cetáceos. A menudo han logrado, mediante campañas públicas de protesta, que se trasladen los campos marinos de maniobras militares a zonas menos dañinas, después de constatar que las «tormentas acústicas» submarinas, que se asocian con el uso extensivo de sónares y detonaciones de explosivos, suponen una amenaza cierta para los animales del mar.

En otro sentido, estas entidades acostumbran igualmente a publicar directrices útiles para abordar los sucesos de varamiento. En sus guías desaconsejan encarecidamente tocar en exceso al animal embarrancado, o tirar de él desde la cabeza, las aletas o la cola. Recuerdan con insistencia que un cetáceo varado siente miedo y gran acumulación de estrés, de manera que podría reaccionar de manera violenta ante el menor estímulo del exterior. Con el volumen y el peso descomunal de estos mamíferos, un movimiento brusco de sus aletas o de su cola podría causar serios problemas a sus bienintencionados rescatadores.

Asimismo, los expertos insisten en lo necesario que resulta mantener despejado el aventador (orificio nasal, situado en la parte alta de la cabeza) por el que respiran, conservándolo limpio de arena y agua. De nada sirve aplicar protecciones solares sobre la piel del animal para evitar que se queme con el sol. En cambio, resulta altamente recomendable mantenerla húmeda con la aplicación de toallas mojadas u otros medios, proyectar sombra sobre su cuerpo y conservar el frescor en las aletas pectorales y caudal. Nunca se invertirá la posición del animal, pues el sol le causaría graves daños en la región ventral; el lomo, más oscuro, resiste mejor la insolación. También recomiendan las organizaciones de defensa de los animales procurar al cetáceo un ambiente tranquilo y reposado, que mitigue su estrés.

Con todo, la acción más importante y perentoria consiste en reclamar la ayuda de un especialista con la máxima rapidez, para lo cual una vía oportuna es acudir con presteza a las autoridades de la zona. No es infrecuente que estos especialistas en cetáceos estén integrados en redes conjuntas de vigilancia, por lo que habrán establecido normalmente unos criterios eficaces de asistencia y control.

En ocasiones, la acción humana puede ayudar a que un cetáceo varado pueda recuperar con normalidad su entorno.

Los carroñeros del litoral: limpieza de playas

La llegada a las costas de un cetáceo moribundo no es motivo de tristeza para todos. Cuando un delfín o una ballena quedan varados en el litoral, no tardan en aparecer animales de diversas especies dispuestos a iniciar el festín. Antes de que los microorganismos terminen por dar cuenta de sus restos, varias especies de aves, mamíferos e invertebrados se aprestan a tomar su lugar en la improvisada mesa. Es el momento de los carroñeros de la costa.

El varamiento de un cetáceo es sin duda una magnífica oportunidad para los animales hambrientos. Pero no es necesario un bocado tan generoso. A diario, restos de algas, medusas, invertebrados o peces de diversos tamaños llegan hasta la orilla. Si no fuera por la actuación de los carroñeros del litoral, las playas y extensiones rocosas y arenosas del borde del mar se asemejarían bastante a un estercolero. Por ello, su función resulta indispensable para mantener la limpieza de las playas.

La creciente urbanización de las costas marinas ha introducido nuevos elementos perturbadores en todo este proceso. Las playas y otros lugares de interés turístico o altamente poblados cuentan hoy con servicios de limpieza que, sobre todo en la temporada de alta afluencia de visitantes, cuidan de conservar limpios los sitios de baño y de des-

Los carroñeros del litoral son los grandes beneficiados de situaciones como el varamiento de un cetáceo.

Los buitres constituyen un ejemplo representativo de las aves carroñeras.

canso. Sin embargo, en las playas apartadas, proverbialmente en las de lugares tan inhóspitos como la Antártida y sus islas aledañas, el espectáculo de la limpieza natural constituye un hecho cotidiano.

Las épocas de reproducción y cría son particularmente agitadas en este contexto. Así, por ejemplo, las colonias de elefantes y leones marinos sufren, de modo irremisible, pérdidas a veces numerosas entre los recién nacidos y los individuos más jóvenes. Los restos de estos animales son muy apreciados por un ave característica de los litorales del Pacífico austral: el petrel gigante. Conocido asimismo como abanto marino antártico, este animal puede alcanzar una envergadura de hasta dos metros con las alas extendidas. La carroña no es su única fuente de alimento, pues completa su dieta con peces y calamares. También ataca los nidos de otras aves (pingüinos, petreles de especies más pequeñas) para apoderarse de sus crías. Pese a ello, sus hábitos carroñeros le han hecho merecedor del apodo de «buitre de la Antártida».

Buitres verdaderos, de color negro característico, planean sobre las áreas del Pacífico centroamericano, a las que acuden periódicamente las tortugas oliváceas a desovar. El nacimiento de las crías, que acuden hacia las olas a toda velocidad, se convierte a menudo en una cruenta cacería. Los buitres negros no están solos en esta persecución: perros, zorrillos, otras aves, cangrejos e incluso hormigas y larvas de mosca tienen en los huevos y en las tortugas recién nacidas uno de sus platos suculentos.

El majestuoso cóndor ejerce, sin embargo, una labor de carroñero auténtico. Con su excelso vuelo, se acerca hasta las zonas de cría de los leones marinos en el Pacífico sudamericano presto a hacerse con alguna presa muerta. El descenso y aterrizaje del ave en el territorio sagrado de estos mamíferos marinos adquiere tonos de verdadera exhibición. Cuando remonta hacia la altura, el cóndor regresa con un rico bocado camino de sus cumbres. Esta ave, misteriosa y esquiva, no busca tan sólo las crías muertas; también se alimenta de las placentas expulsadas por las focas tras el parto.

Entre las aves costeras, las gaviotas son ejemplo de animales capaces de diversificar su dieta. Diríase que ingieren casi cualquier cosa comestible: animales marinos, plantas, insectos, huevos (a veces los de sus congéneres), pajarillos y polluelos, e incluso ratas. Modernamente se han adaptado a vivir tierra adentro, cerca de los basureros. No es de extrañar que incluyan la carroña entre sus manjares. Se sitúan entre las más eficaces limpiadoras de playas.

Para cerrar el capítulo de las aves carroñeras del litoral no puede olvidarse la paloma antártica. Frecuente en regiones del sur del continente americano, como la península Valdés, en Argentina, la península antártica y los archipiélagos circundantes, esta ave de un color blanco inmaculado y una longitud algo inferior a medio metro se ha ganado fama de peligrosa «ladrona» de huevos, crías y alimentos conseguidos por otras aves. Para los pingüinos constituye un visitante altamente molesto, contra el que han de precaverse. Sin embargo, es proverbial también la adaptabilidad de la paloma antártica, que a falta de un bocado mejor se conforma con alimentarse del guano (excrementos) de las focas y de los propios pingüinos.

Aparte de las aves, engrosan las legiones de carroñeros de los litorales del mundo otros muchos animales, vertebrados e invertebrados. Entre estos últimos, los escarabajos y las moscas comunes, habitantes de tierra firme, se acercan hasta la orilla del mar para dar buena cuenta de los abundantes restos biológicos que allí se depositan. No es preciso que se trate de animales grandes, como los mencionados en los párrafos precedentes; también son válidos para cubrir sus necesidades los restos de huevos eclosionados de toda una pléyade de especies, las suculentas algas o los frutos y semillas que son arrastrados por los ríos y, después, por las olas. A ello se suman los numerosos pobladores de las playas arenosas y las costas de roca dispuestos a nutrirse de cualquier resto orgánico que se les avecine.

Finalmente, algunos mamíferos de interior han aprendido a reconocer la riqueza alimenticia de los mares. En el subcontinente norteamericano, los mapaches son visitantes habituales de las costas, donde rebuscan entre todo tipo de restos para sobrevivir. Una dedicación similar distingue a los babuinos del África meridional, que se aventuran incluso dentro de las aguas para hacerse con los huevos de cazones, tiburones y otros peces grandes.

Todos estos seres realizan una labor fundamental en el reciclado de los nutrientes dentro del medio marino y sus orillas. Las leyes naturales dictan la obligatoriedad de dar nuevo curso a las sustancias minerales y orgánicas que definen los distintos ciclos de los nutrientes esenciales. La inversión en la vida es demasiado costosa para permitir que se dilapiden sus valiosos recursos.

Las gaviotas, por su particular forma de alimentación, se han convertido en excelentes limpiadoras de playas.

Los estromatolitos: extraños fósiles vivientes

La «bahía de los tiburones» (Shark Bay), en el noroeste de Australia, es un lugar dotado de un peculiar atractivo biológico. En las aguas de su litoral, superficiales y altamente salobres, abundan unas extrañas comunidades constituidas por unas algas mucilaginosas que forman agrupaciones a modo de «piedras vivientes». Son los estromatolitos, unos organismos cuya historia se remonta a los primeros tiempos de la vida en la Tierra. De hecho, su descubrimiento, a mediados de la década de 1950, supuso una sorpresa y, después de años de dudas, un magno acontecimiento científico: hasta entonces, estos seres tan sólo se conocían como fósiles de inmensa antigüedad.

El siglo XIX fue un tiempo de geólogos. Después de largas centurias con un conocimiento bastante exiguo sobre la historia y la edad de la Tierra, el siglo decimonono vivió una sucesión extraordinaria de descubrimientos que revolucionaron la visión que tiene el ser humano de su propio planeta. En ello tuvieron gran importancia el estudio de los fósiles y el descubrimiento de medios crecientemente precisos de datación geológica.

La de geólogo se consideraba en aquellos tiempos una profesión apasionante. Científicos y aficionados se lanzaron a una carrera de búsqueda y «recolección» de huesos y restos fosilizados de animales y plantas, en una cohorte en la que abundaron los apellidos de raigambre nobiliaria. Semejante carrera no estuvo exenta de apresuramientos y defectos de clasificación de los restos hallados, y tampoco se privó de disputas personales, que en

El estudio de los fósiles es uno de los factores que ha contribuido enormemente al desarrollo de la geología.

Según la teoría de algunos científicos las primeras fotosíntesis fueron realizadas hace millones de años por las primeras algas marinas.

Los estromatolitos son estructuras de aspecto parecido al de las piedras, compuestas por algas mucilaginosas.

algunos casos se convirtieron en enemistades profundas entre algunos de los actores más destacados de esta gran obra científica.

Sea como fuere, el esfuerzo concertado de un gran número de personalidades auspició un impulso de las ciencias geológicas y, también, de la biología marina primitiva. A ello contribuyó el hecho de que la mayor parte de los fósiles encontrados (en llanuras, valles y, en muchas ocasiones y para sorpresa de sus descubridores, en las cimas de las montañas) eran claramente de origen marino.

Gracias a estos adelantos, y a un intenso esfuerzo de imaginación y análisis sistemático de los hechos, se logró establecer un «calendario» de la formación de la Tierra, y en este ámbito cobró importancia preeminente la historia de los océanos. Se comprendió que, muy lejos de lo que creían los antiguos, el planeta terrestre debía tener unos 4.500 millones de años de antigüedad. Los restos fósiles más primitivos de que se tiene constancia podrían remontarse 3.500 millones de años en el tiempo, lo que llevaría el nacimiento de la vida en la Tierra a las primeras épocas de su propia formación.

A través de un mecanismo que no ha podido elucidarse, en algún momento de la infancia terrestre surgió en su seno la vida, dentro de los océanos y, más en concreto, según es hoy corriente de opinión entre los científicos, probablemente en las chimeneas hidrotermales próximas a las costuras del lecho marino por las que emana continuamente magma del interior terrestre. En los dos mil primeros millones de años, tan sólo microorganismos bacterianos pululaban en las aguas oceánicas nutriéndose de azufre y otros elementos químicos. En un momento dado, unas bacterias especiales, llamadas algas verdeazuladas, aprendieron a sintetizar el hidrógeno ambiente y a expulsar oxígeno, en las primeras labores de fotosíntesis del planeta que más tarde perfeccionaron las plantas. Aquello cambió para siempre la biología terrestre.

El descubrimiento de los estromatolitos tuvo lugar a mediados del siglo XX.

Los organismos aerobios que surgieron, consumidores de oxígeno, contaban con una ventaja competitiva frente a los anteriores, anaerobios, para los cuales el oxígeno era un tóxico letal: este elemento químico permite producir energía mucho más rápidamente, lo que garantiza mayor fortaleza y robustez. Los microorganismos más primitivos, huyendo del aire oxigenado, se retiraron al fondo de los pantanos y a otros lugares libres del poderoso «veneno». En cambio, los consumidores de oxígeno progresaron, colonizaron nuevos ambientes y comenzaron a unirse entre sí, apelmazándose, para conformar algunas comunidades múltiples, aún marcadamente primitivas. De aquel tiempo proceden los estromatolitos.

Hasta la mitad del siglo XX, geólogos y paleontólogos identificaban este término con montículos compuestos por láminas rocosas con una extraordinaria cantidad y diversidad de fósiles primitivos. Los estromatolitos fósiles adoptaban figuras sólidas, variadas y ciertamente curiosas: algunos semejaban columnas verticales, otros recordaban a coliflores abiertas, unos más parecían alfombras o colchones de esponjas (el término estromatolito significa literalmente «colchón de piedra»; proviene del griego stroma, colchón, y lithos, piedra). En un estudio pormenorizado, los científicos aprendieron a reconocer signos de actividad microbiana fósil; los microbios no se conservan, pero sí algunos de los efectos de las sustancias químicas que presumiblemente contuvieron en vida.

Con las cada vez más depuradas escalas y técnicas de datación se estimó que estas formaciones, que podrían contarse entre los primeros ecosistemas del mundo, tenían hasta 3.500 años de antigüedad. Lo que no se sospechaba es que, en ciertos lugares muy especiales, permanecían con vida. Así, cuando se inició la observación científica de las extrañas configuraciones «rocosas» de Shark Bay, en Australia (concretamente, en la zona conocida como Hamelin Pool), las primeras valoraciones no contemplaron siquiera la posibilidad de que fueran estructuras vivas. Se las relacionó así con fósiles verdaderos, o con simples estructuras sedimentarias. Al fin se abrió paso la realidad científica: eran vestigios vivos de los primeros tiempos de la Tierra.

Huelga decir que las expediciones científicas retomaron el asunto con el máximo interés, y tras profundos estudios dieron en establecer la edad de los estromatolitos de Shark Bay en unos tres mil años. Esta decepción inicial en la cronología pronto se vio superada por los acontecimientos posteriores. En los años siguientes, varios hallazgos suplementarios completaron el cuadro, y en otra localidad de Australia, llamada Warrawoona, se encontraron formaciones semejantes con una antigüedad acaso superior a los 3.500 millones de años.

Los estromatolitos, capaces de realizar la fotosíntesis, requieren por tanto zonas acuáticas bien iluminadas, donde reciban la luz solar. También sobreviven en entornos altamente salinos, lo que probablemente ha contribuido a conservar los «santuarios» australianos: su elevada salinidad ha impedido que penetren en Hamelin Pool y en Warrawoona otros organismos más modernos y mejor adaptados, que han expulsado a los formadores de estromatolitos de prácticamente todo el resto del globo.

El interés suscitado por este primitivo «ecosistema» ha llevado a los científicos a trazar un esquema bastante aproximado de cómo se forma y se perpetúa. Así, se sabe hoy que los estromatolitos surgen de la acción de las cianobacterias (algas verdeazuladas) cuando atrapan el fino sedimento externo (micropartículas de arena y polvo) merced a su acusada pegajosidad. Al mismo tiempo, absorben el dióxido de carbono del ambiente, crean carbonato cálcico y, con él y el sedimento capturado, forman un conglomerado que los ayuda a elevarse sobre el suelo en dirección a la luz que necesitan para la fotosíntesis. Sin duda, los primeros estromatolitos sirvieron de alimento a otros seres posteriores que tomaron su relevo en la historia de la evolución. Por tanto, la conservación de los reductos actuales de estas formaciones se considera casi un milagro de la supervivencia.

Hoy, Shark Bay se ha convertido en un centro de atracción turística, además de destino de numerosos grupos de estudiosos de las ciencias de la tierra y la biología. Sobre sus aguas someras se han dispuesto paseos entarimados desde los que los visitantes pueden contemplar sin destruirlos estos vestigios de la primera vida. Para la perpetuación de estos organismos es muy importante mantener las condiciones propicias del ambiente: un agua hipersalina (que duplica la del océano) en una bahía cerrada con escaso aporte de nuevo líquido, la carencia casi absoluta de precipitaciones y ríos próximos que la «endulcen» y, en consecuencia, la inexistencia de otros organismos depredadores o competidores.

Se conocen hoy otros lugares de la empobrecida (en términos biológicos) costa de los desiertos de Australia donde se conservan formaciones de estromatolitos. Por su parte, la extraordinaria singularidad del enclave de Shark Bay ha sido reconocida rápidamente por las organizaciones internacionales. Este lugar, donde también nada el dugong («vaca marina») que pasta con fruición en sus vastas praderas sumergidas, se ha convertido en centro de uno de los mayores parques marinos del mundo. Con unos 23.000 km^2, en 1991 fue declarado por la UNESCO patrimonio de la humanidad.